KARLFRIED GRAF DÜRCKHEIM

DURCHBRUCH ZUM WESEN

KARLFRIED GRAF DÜRCKHEIM

DURCHBRUCH
ZUM
WESEN

Aufsätze und Vorträge

10. AUFLAGE

VERLAG HANS HUBER

BERN · GÖTTINGEN · TORONTO · SEATTLE

Die Deutsche Bibliothek – CIP-Einheitsaufnahme

Dürckheim, Karlfried Graf:
Durchbruch zum Wesen: Aufsätze und Vorträge / Karlfried Graf
Dürckheim. – 10. Aufl. – Bern; Göttingen; Toronto;
Seattle; Huber, 1994
ISBN 3-456-82503-X

Nachdruck 1997 der zehnten Auflage 1994
© 1954/94 by Verlag Hans Huber Bern
Druck: Lang Druck AG, Liebefeld
In der Schweiz gedruckt

INHALT

VORWORT

«Die Seele muß mit aller Macht sich brechen in ihr Licht. Aus der Nacht und aus dem Licht entspringt ein Brand, eine Minne. Also muß die Seele sich brechen mit aller Macht zur göttlichen Ordnung.»
Meister Eckhart (Pfeiffer XLVIII)

Jede Zeit trägt die vergangene Zeit in sich, und in jeder Zeit beginnt eine neue. Die neue Zeit, die da kommt, muß durchbrechen durch die alte, die da war. Das Altgewordene widersetzt sich mit der ganzen Starrheit des Alters und der gelassenen Selbstverständlichkeit dessen, was eingespielt und gewohnt ist. Das Neue, das kommt, bricht auf mit dem verwirrenden Ungestüm drängender, noch ungeschickter Kraft. Über dem Alten liegt die Würde des Herkommens, der Glanz seiner Leistung, aber auch die Müdigkeit und Langeweile seines Leerlaufs. Über dem Neuen liegt der Schimmer einer neuen Verheißung.

Die altgewordene Zeit, in der wir Menschen von heute noch stehen, steht im Zeichen der Bewältigung der Natur durch den Menschen. Sie hob an mit seiner Befreiung aus den Fesseln des Geistes, die ihn die Natur nicht sehen ließen, wie sie sinnennah da ist, noch sie begreifen ließen in der Gesetzlichkeit ihrer Ordnung, sondern nur schauen ließen in Bildern, deren Gestalt und Bedeutung in einem Gefüge des Glaubens vorgeformt war. Sinn und Gestalt aller Dinge war vorbestimmt durch ihren Platz in der geheiligten Ordnung. Das befreiende Neue kam mit dem Erwachen des unbefangen beobachtenden, sammelnden und prüfenden Geistes und brachte erst eigentlich die Entdeckung der Natur. Der neue Geist zog den Blick des Menschen von innen nach außen und die frommen Kräfte in die Welt, die neuentdeckte *Welt der Objekte!* Diese Welt wurde selbständig und fraß die Frömmigkeit auf. Ihrer frommen Wurzeln beraubt, rissen die Kräfte sich los, entzauberten die Welt und stellten den Menschen auf sich. Gewaltig ist das Gebäude, das der Mensch, sich selbst als Mitte betrachtend, mit seinem «frei» gewordenen Wissen und Können errichtete, aber, der heiligen Mitte entbehrend, gerät es heute ins Schwanken.

Schwer nur kann der Mensch unserer Zeit sich eine Vorstellung davon machen, daß zu ihrem Beginn die Natur, so wie wir sie heute sehen und als ein Gefüge gesetzlich bedingter Tatsachen begreifen, einst gar nicht da war, und immer noch stehen wir im Zeichen des Rausches, der damals den Menschen ergriff und ihn, von Beobachtung zu Beobachtung, von Experiment zu Experiment forttreibend, von Entdeckung zu Entdeckung geführt hat. Im Zeichen dieser Entdeckung wurde eine neue Vorstellung von der «Wirklichkeit» geboren, eine Vor-Stellung, deren Bedeutung nicht nur in der technisch gemeisterten Welt herrscht. Sie durchdringt vielmehr kategorial, d. h. als ein den möglichen Sinn vorwegnehmendes Schema des Sehens und des Begreifens, unsere gesamte Anschauung von der Welt und unsere Einstellung gegenüber dem Leben. Sie bestimmt nicht nur unsere Einstellung gegenüber der Welt der natürlichen Tatsachen, sondern ebenso naiv und überheblich auch die Weise, wie wir uns mit dem Reich der Werte, der Wirklichkeit des Menschen und der Offenbarung Gottes befassen. Aber eben an dieser Grenzüberschreitung ist die Allgemeingültigkeit dieser Wirklichkeitsvorstellung fragwürdig geworden. Fragwürdig, weil es deutlich geworden, daß der Mensch auf dem Gipfel seiner vermeintlichen Autonomie des Handelns und des Begreifens gegenüber der nur naturhaft aufgefaßten Welt seine *Übernatur* übersah und in die größte *Gottferne* gerückt ist. Fragwürdig auch, weil der Begriff der «Erfahrung», die die Garantin gültiger Erkenntnis sein sollte, die eigentlich menschlichen Erfahrungen überhaupt nicht mehr ernst nimmt. An die Stelle der menschlichen Erfahrung ist die «Erfahrung» der Registriergeräte getreten, und in der Erkenntnis, die solcher Erfahrung zugrunde liegt, verflüchtigte der Begriff des Menschen sich zu dem einer «Fehlerquelle». Die «Wirklichkeit» aber, die die zu Ende gehende Zeit uns entdeckt hat, erweist sich nun mit wachsender Klarheit als die, in der wir zwar als raumzeitlich bedingte Lebewesen auch *leben*, aber keineswegs in der Ganzheit unseres Menschseins zu *existieren* vermögen. Und so, wie es zu Beginn unserer Zeit darum ging, den Menschen aus den zu eng gewordenen Schranken der vergangenen Zeit zu lösen und in die Freiheit seines *rationalen* Geistes zu stellen, so geht es heute darum, die Schranke zu durchstoßen, die das Erbe der letzten Jahrhunderte über den Weg gelegt hat, auf dem der Mensch in die Freiheit seines *geistlichen* Geistes gelangt, d.h. in die Freiheit *des* Geistes, kraft dessen er allein die ihm zugedachte Ganzheit seines Menschseins zu gewinnen vermag.

Mit dieser Erkenntnis bricht eine neue Zeit an: die Zeit der Befreiung von der Herrschaft nur rationaler Erkenntnis, die, die Grenzen ihrer Gültigkeit überschreitend, auch den Menschen in seinem eigentlichen Menschsein mit einbezog und in seinem Wesen verfehlte.

Und damit beginnt wiederum eine Zeit neuer Entdeckung, die Zeit der unbestechlichen Beobachtung und in Treue durchzuhaltender Erfahrung dessen, was eigentlich menschliches Leben ist und bedeutet. Es geht um die Entdeckung der wahren, der wesenhaften Wirklichkeit des Menschen und des ihm in seinem Wesen zugedachten Lebens, d.h. der Wirklichkeit, der seine Bestimmung entsteigt.

Die Bestimmung des Menschen, der Sinn seines Lebens und die Wirklichkeit, in der und aus der er sich aus seinem Wesen allein zu erfüllen vermag, ist verhüllt in den Ordnungen des Bewußtseins, die aus dem Zentrum des rationalen Erkennens, des *gegenstandsetzenden* Ichs, erstehen. Ohne diese Ordnung kann der Mensch sein Leben im raumzeitlichen Dasein nicht meistern. Den Weg zur Meisterschaft über die raumzeitlich bedingte Welt eröffnete der Anbruch der nun zu Ende gehenden «neuen Zeit». Aber die diese Meisterschaft über die Welt verleihende Form «gegenständlicher» Erkenntnis ist zugleich auch der Schleier, der dem Menschen seine wahre Wirklichkeit verbirgt. Niemals kann *das* Subjekt, dem die Welt und das Leben zu einem Gefüge gesetzlich bedingter und rational erkennbarer Gegenstände gerinnt, derjenigen Wirklichkeit innewerden, die jenseits aller Gegenständlichkeit ist, in der aber das *Wesen* des Menschen beheimatet ist. Dieses vermag nur das Ernstnehmen und die Übung jeder Art von «Erfahrung», in der der Mensch die Ordnungen seines gegenständlichen Bewußtseins wieder durchstößt und Fühlung gewinnt mit jener Wirklichkeit in ihm und allen Dingen, die sich nicht in der raumzeitlichen Natur ihres *Daseins* erschöpft, sondern Bekundung ist des überraumzeitlichen *Seins*.

Die Weise, in der der Mensch teilhat am überraumzeitlichen Sein, ist sein *Wesen*. Für den beschränkten Blick der zu Ende gehenden Zeit ist dieses Wesen notwendigerweise nur das Produkt einer theoretischen Spekulation oder Gegenstand eines unkontrollierbaren frommen Glaubens. Geht aber das innere Auge auf, so ist es Inhalt lebenentscheidender *Erfahrung*. Der Durchbruch zu dieser Erfahrung ist die Wende des menschlichen Lebens, ist der Anfang der großen Umkehr.

Wem einmal das Wesen aufging und wer im Zeichen seiner Erfahrung begreift, daß im Grunde das Sein alles Da-

sein durchwaltet, ja daß das raumzeitlich begreifbare, ratio‑
nal oder axiologisch geordnete Dasein im Grunde nichts
anderes ist als das Sein in der Brechung durch das Zentrum
unseres gegenständlichen Erkennens, und wer unbefangen
nun zuläßt, was er wirklich erfährt, beginnt sich die Augen
zu reiben; denn mit einem Male schimmert das lebendige
Sein, das Wesen der Dinge, aus allem Dasein hervor. Es
fühlt der Mensch in sich und der Welt die Verheißung einer
Wirklichkeit, die er, weil er ein Mensch ist, schuld seiner
rationalen Notwende in sich und in der Welt erst verstellt,
die aber in sich selbst und in der Welt erfahren und sichtbar
machen zu dürfen das ihm zugedachte Himmelsgeschenk
ist. Im Schleier gegenständlichen Sehens und Erkennens
bricht sich das Licht dieser Wirklichkeit wie das Licht der
Sonne im Regen, und weiß der Mensch nicht um sie, so
leuchtet ihm der Regenbogen allein. Weiß er um die Sonne
im Rücken, so versteht er ihn anders, und wenn er sich um‑
kehrt, kann er die Sonne auch sehen.
«Jede Zeit» – sagten wir eingangs – «trägt die vergangene
Zeit in sich, und in jeder Zeit beginnt eine neue.» Aber über
und in dieser Zeit, die war, ist und kommt, ist eine andere,
eine überzeitliche Zeit. Und in dieser überzeitlichen Zeit
west das Wesen des Menschen. Der Durchbruch zu ihm ist
die «Große Erfahrung», mit der im zeitlich begrenzten
Leben des Menschen das ihm innewohnende wahre Leben
erst anhebt. Erst mit dem Einzug dieser Erfahrung kann
sich die Freiheit erfüllen, in die Gott den Menschen gestellt
hat. Erst im Ja zu dieser Erfahrung erschließt sich im Dasein
die Fülle des von Gott geschaffenen Seins. Erst die Ver‑
ankerung in dieser Erfahrung macht den Menschen mün‑
dig und fähig, sein Leben in der zeitlichen Zeit verantwort‑
lich zu leben, verantwortlich, das bedeutet: als gehorsame
Antwort auf den Anruf, mit dem das Sein, in ihm als sein
Wesen lebendig, ihn zu einem Leben aufruft, das das Sein

als das «Große Leben» im Dasein des «Kleinen Lebens»
offenbar macht. Und erst in der Verwandlung, die dem
Menschen in der Treue zur Großen Erfahrung vergönnt ist,
kommt er in den Segen der Geborgenheit seines Wesens im
Sein.

Die im folgenden gesammelten Aufsätze und Vorträge dre-
hen sich alle um eine Achse, um die Achse des menschlichen Lebens: das Aufgehen des Wesens im Selbst, des
Seins im Dasein des Menschen. In ihnen allen geht es um
das eine, das heute nottut: um den *Durchbruch zum Wesen*.

Todtmoos, Mai 1954   *Karlfried Graf Dürckheim*

MENSCHENGEIST – GOTTESGEIST

Die Glaubenskrise unserer Zeit kommt aus der Erschütterung des Glaubens an die Gerechtigkeit Gottes.

Daß in der christlichen Welt eine Glaubenskrise entstehen kann, weil es in der Welt nicht im Sinne unserer Vernunft zugeht, ist paradox. Denn bedeutet der christliche Glaube nicht gerade den Glauben an die uns in Christus geoffenbarte Wirklichkeit Gottes, die den Tod, den Widersinn und die Verlassenheit des Menschen in der Welt überwindet? Aber vielleicht haben die großen Krisen unserer Zeit noch etwas ganz anderes zu bedeuten. Vielleicht haben sie den Sinn, den Menschen dazu zu bringen, Quellen des Glaubens zu erschließen, die ohne die Katastrophen seines Lebens und den Zusammenbruch seines Kindheitsglaubens niemals voll aufspringen. Vielleicht soll der Mensch in seine *Mündigkeit* gerufen werden, darin er bereit wird, den «Tröster», den Geist der göttlichen Wahrheit, in sich selbst zu vernehmen. Sind nicht die unsagbaren Verwirrungen und Erschütterungen unserer Zeit wie ein einziger großer Appell an den Menschen, in sich zu gehen und endlich als ernst und wahr zu nehmen, was ihm die geheimnisvolle Stimme in seinem Innern, wenn er nur wirklich hinhört, über die Schein-Wirklichkeit der leidvollen Welt sagt und über die eigentliche Wirklichkeit offenbart, die nicht von dieser Welt ist, aber alle Weltwidrigkeit entmachtet?

Das heute so häufig gehörte Wort der aus dem Glauben Gefallenen: «*Ich glaube fortan nur noch, was ich selber erfahre*», ist nicht nur Ausdruck eines Trotzes, sondern viel mehr noch

Ausdruck einer Verzweiflung, in der sich, wenn sie ohne Ausweichen durchgehalten wird, eine große Chance verbirgt. Wenn der Mensch bereit wird, auch seine innere Erfahrung wirklich voll zuzulassen, wird er auch fähig, die Fesseln abzuwerfen, die ihm sowohl ein öder Rationalismus wie bisweilen auch ein Glaube anlegen, der, statt in den überlieferten Worten und Bildern zu leben, in ihnen erstarrt ist. Dann wird er in diesem Raum seiner innersten Erfahrung auch etwas vernehmen, das seinen nur menschlichen Geist überlichtet. Der Mensch hat die Möglichkeit, aus dem heiligen Quellgrund seines eigentlichen *Wesens* heraus Erfahrungen zu machen, Verwandlungen zu erleben und Wirkkräfte zu entwickeln, die von einer tieferen Wirklichkeit zeugen, als die ist, die nur das Gebäude seines eigenmächtigen Geistes widerspiegelt. Er kann Erfahrungen machen von einer Wirklichkeit *in* ihm, die, wenn er sich von ihr durchwalten läßt, die Angst vor dem Tod nimmt, die ertragen läßt, was für die Vernunft unerträglich scheint, und die gerade dort, wo er in große Verlassenheit gefallen ist, eine geheimnisvolle Kraft der Liebe entbindet. Wer solches erfährt, der darf wohl wagen zu sagen, daß da aus seiner Wesenstiefe heraus mitten in seinem leidvollen Leben im Dasein ein heilender Geist aufbricht, der von ganz wo anders her kommt und in dem ahnungsweise etwas von dem zu fühlen ist, was der Mensch in aller Demut einen *Hauch von Gottes Geist* nennen darf. Was das Wort «Gottes Geist» meint, das vernimmt der Glaubende aus der uns in der Heiligen Schrift überlieferten Offenbarung. Dem aus dem Glauben Gefallenen aber – und wer von uns vermöchte zu sagen, daß sein Glaube nie schwanke –, den doch die heilige Unruhe nicht losläßt, bleiben nur die innere Erfahrung und das Ernstnehmen jener Erfahrungen, die ihn dann und wann – gegen alle Vernunft – über die Not, den Widersinn und die Verlassenheit in der Welt hinausheben. Und er

darf nicht nur, sondern soll im vortheologischen Raum seiner wesenhaften Frömmigkeit die eigene Innerlichkeit bis zu
jenen Quellen des in uns verborgenen wahren Lebens ausschreiten, aus denen heraus in allen Zeiten und Zonen Menschen einer Neugeburt teilhaftig wurden, einer Neugeburt,
die diese Menschen in einem neuen, in der Erfahrung begründeten Glauben von Grund auf verwandelte, aufs neue
Gott finden ließ und zu einem Leben der Liebe befähigte.
Der Weg aber zu diesem Glauben führt allemal über den
Umweg des menschlichen Geistes, dessen Scheitern erst
den bewußt gewordenen Menschen reif und bereit macht,
den Geist der Wahrheit im eigenen Innern zu vernehmen.
Der Mensch ist das Wesen, das, indem es vom Baum der
Erkenntnis ißt – ein sich selbst und die Welt gegen-ständ-
lich fixierendes Bewußtsein erringt –, aus dem Paradiese ver-
trieben wird, d. h. der «unbewußten» Aufgehobenheit in
der Einheit des göttlichen Lebens verlustig geht. Insofern
der Mensch von diesem im Ich verankerten gegenständlichen Bewußtsein her fühlt, denkt und lebt, stellt er sich in
sich selbst und aus der großen Einheit heraus. Und doch!
Im Grunde seines Wesens bleibt er ihr ewig verbunden!
Das ist der Zwiespalt im menschlichen Herzen, der die heilige Unruhe bewirkt. Ihn wieder zu schließen ist der Sinn
des menschlichen Leidens und der Nerv unseres personalen
Lebens.
Mit seinem vom Ich her die Welt und das Leben «objektiv»
fixierenden Bewußtsein verspinnt sich der Mensch in einem
rational gefügten Eigengehäuse, das mit seiner Starrheit dem
Atem der göttlichen Einheit des Lebens widerspricht. So
entsteht sein tiefes und spezifisch menschliches Leiden:
das Leiden am Widerspruch seiner selbstherrlichen Eigen-
ständigkeit zum allumfassenden göttlichen Ganzen. Doch
eben dieses Leid im Dunkel seines eigenmächtigen Geistes
ist die Voraussetzung und Chance dafür, daß ihm das Le-

ben in der göttlichen Einheit aus seinem Wesen heraus als schöpferisch-erlösendes Licht in der Nacht aufgeht. Es kommt nur darauf an, daß er es, wo es ihn einmal berührt, zuläßt, daß er *umkehrt und trotz und mit Bewußtsein aufs neue gewinnt, was er schuld seines Bewußtseins verlor.*

Das Wesen des spezifisch menschlichen Geistes ist gegrün-det im Bewußtsein eines sich mit sich selbst identisch fühlen-den Ichs. Wo immer aber ein Mensch zu seinem «Ich bin» erwacht, da wird die atmende Einheit des Lebens, die die Fülle der lebendigen Formen hervortreibt *und* wieder heim-nimmt, unterbrochen. Der lebendige Rhythmus von Form-werdung und sie wieder aufhebender Entgrenzung, von Aus-Gehen zur Vollendung und Wieder-Eingehen alles Gewordenen wird vom Ichstand des Menschen erlebt als Gegensatz zu seinem Streben nach endgültiger Form und als Hintergrund seiner Angst vor ihrer Wiedervernichtung. So wird der Weg des menschlichen Geistes zum Weg des Wi-derspruchs gegen die atmende Einheit des Lebens, zu der das Entwerden nicht weniger gehört als das Werden. Es ist der Weg des andauernden Kampfes gegen Vergänglichkeit und Tod.

Im Kampf gegen die raumzeitliche Bedingtheit und Be-schränktheit unseres kleinen Lebens spiegelt sich das drei-fache Leiden des in seinem Ich-Dasein verhafteten Men-schen: Das Leiden unter der Gefährlichkeit des Daseins mit seiner Angst vor Vernichtung, das Leiden unter der Un-vollkommenheit und dem Widersinn der Welt, mit seinem verzweifelten Vorwurf, daß es doch anders sein «sollte», das Leiden unter der Kargheit und Einsamkeit dieses Daseins mit seiner Trauer über die ewige Unerfülltheit und Un-ganzheit seines Lebens. Im eigenwilligen Ringen um ge-sicherten Bestand, um endgültige Gestalt und sinnfällige Ordnung und um erfüllte Ganzheit und bleibende Gebor-genheit bildet sich das eigenmächtige Selbst, das mit seinem rationalen Verstand, seinem vernünftigen und gestaltungs-kräftigen Geist und seiner seelischen Innerlichkeit dem Menschen «Dauer» verspricht, sei es in Gestalt eines materi-ell gesicherten Lebens, sei es in der Teilhabe an einem Reich zeitlos gültiger Werte und vollendeter Formen oder, vorbe-reitet in der Abkehr von der «bösen Welt», als ein ewiges Leben, das in diesem Betracht nichts anderes ist als eine Le-bensversicherung für das ewige Dauer verlangende Ich.

In all diesen Äußerungen des menschlichen Geistes sind schon tiefere Wesenskräfte am Werk. Aber der Mensch münzt ihren Sinn nach seinem Sinn um und stellt sie in den Dienst bald eines grob materiellen, bald eines feineren, d.h. seelisch-geistigen Bleibewillens. Achtunggebietend ist, was auf diese Weise entsteht an geistiger Leistung, Kultur und persönlicher Bildung. So auch jene «Persönlichkeit», die, vertrauend auf ihre Verstandes- und Willenskräfte, als zu-verlässige Trägerin allgemein anerkannter Werte und dank einer oft heroisch kultivierten Innerlichkeit fest auf sich selbst steht. Aber geht von solchen Gestalten notwendig Se-gen aus? Und ist der Mensch, der sich zu dieser Selbstmäch-tigkeit formte, immer glücklich? Keineswegs. Vielmehr lehrt die Erfahrung, daß der Mensch gerade dann, wenn er glaubt, sich aufs beste gesichert und in seiner Weise erken-nend und ordnend in der Welt eingerichtet zu haben, von einer tieferen Unruhe aufgescheucht wird. Es ergreifen ihn plötzlich Gefühle unbegründbarer Angst, Schuld und Traurigkeit. Da zeigt es sich dann, daß die Form, in der der Mensch glaubte, mit seinem Geist die Bedrängnis der Ver-gänglichkeit, Sinnlosigkeit und Einsamkeit dieses Lebens bannen zu können, ihr Versprechen nicht hält. Sie kann es nicht, denn sie widerspricht dem Gesetz des Großen Lebens. Wunderbar mögen die «Leistungen» sein, die der Mensch mit den Kräften seines Verstandes, seines gestaltenden Gei-stes und seiner seelischen Innerlichkeit im andauernden

Kampf gegen die Beschränktheit seines Daseins vollbringt. Sie halten aber nicht stand und sind heillos, wenn sie der Wurzeln zum *Wesen* ermangeln. Der Mensch und sein Leben sind zu Größerem bestimmt als zu jenem Subjekt, das in aller Vergänglichkeit und Begrenztheit des Daseins nur die Schatten des Todes erblickt. In seinem Wesen verkörpert der Mensch vielmehr eine Weise des Großen Lebens, das auch den Tod des kleinen übergreift. Dieses größere Leben im kleinen unseres Daseins zu offenbaren, dazu sind wir vom Wesenskern her angelegt und bestimmt.

So wie die göttliche Einheit des Lebens über all die Gegensätzlichkeit erhaben ist, zu denen sich Leben und Welt im Spiegel des eigen- und dauersüchtigen Ich-Selbstes aufspalten, so ist es auch das geheimnisvolle Wesen des Menschen, darin er in seinem Grunde unabdingbar an jener Einheit teilhat. Am Geiste dieses Wesens, der gleichsam senkrecht auf dem Wege des sich in Gegensätzen bewegenden Geistes des Ich-Selbstes steht, wird es auch offenbar, daß die Vorstellung des Absoluten, die sich der Mensch im Stand des Selbstes bildet, der Großen «Einheit im Grunde» widerspricht. Der Begriff des «Absoluten», das sich der Mensch auf der Stufe seiner eigenwilligen Selbstheit vorstellt, das als das Unbedingte gegen das Bedingte, als das Unraumzeitliche gegen das raumzeitlich Beschränkte, als reine Idee gegen ihre Erscheinung, als das Ewig-Seiende gegen das Vergängliche usw. steht, erweist sich als eine Wunschbild-Projektion seines Ichs, d. h. als eine Vor-Stellung all dessen, was dem Menschen versagt ist, der sich in seinem Ich-Selbst vom Tod, von Sinnlosigkeit und Einsamkeit nur bedroht sieht. Dieser Begriff des Absoluten aber, der dem Menschen auf der Stufe des Ich-Selbstes allzuleicht mit einer Vorstellung von Gott verschmilzt, die in radikalem Widerspruch mit dem wirklichen Leben steht, legitimiert zwar einerseits den Dauerwillen des Ichs und gibt seinem Gehäuse den letzten

Halt, ist aber ein reines Produkt des menschlichen Geistes, das nicht der Wahrheit entspricht. So bricht es auch immer unter den Schlägen des die Wirklichkeit spiegelnden Schicksals zusammen. Dann zeigt sich auch, daß der Mensch gerade dort, wo er sich auf dem Gipfel seiner geistigen Selbständigkeit wähnt und wo er das stolze Gebäude seiner selbsteigenen Kräfte auf den tragenden Säulen seiner gestaltenden und erkennenden Gaben hoch über die kleine Ichsucht emporführt und schließlich sogar mit der Kuppel seines Begriffs vom Absoluten gekrönt hat – sich in Wahrheit in der größten und gefährlichsten Gottesferne befindet! Und so gewiß der Mensch in seinem Wesen teilhat an der göttlichen Einheit des Lebens, die alle Gegensätze schöpferisch und erlösend aufhebt, so gewiß widerspricht die Weltvorstellung und Lebenseinstellung des Selbstes, das die Gegensätze von Leben und Tod, von Ichheit und Anderheit, von raumzeitlich und unraumzeitlich absolut setzt, dem in unserem Wesen verkörperten größeren Leben. Aus dem Widerspruch der Erkenntnisweise und Lebensform des allzu menschlichen Selbst-Geistes gegen die ans Licht drängende Wahrheit des göttlichen Lebens erwächst dann früher oder später jenes eigentlich menschliche Leiden, das den ganzen Irrtum ans Licht bringt. Denn je tiefer der Mensch sich in sein Selbstgehäuse verfängt und je fester das Spinngewebe sich um ihn zieht, das aus seinem Ich-Selbst-Willen hervorging, desto mehr verschlägt es ihm den tieferen Atem des in seinem eigenen Wesen verkörperten Lebens. Und einmal mag es dann so weit sein, daß dieses Wesen sich ganz unausweichlich meldet und kundtut in einem Leiden, das tiefer ist als das Leiden des Ich-Selbstes unter der Gefährlichkeit, Sinnlosigkeit und Einsamkeit der Welt, in der es, sich selber spiegelnd, sein Heil suchte. Es ist tiefer, weil in ihm das Wesen im Menschen unter den Ängsten des Selbstes leidet, das mit den gröberen oder feineren Formen seines Willens nach Dauer das im Wesen verkörperte höhere Leben verhindert, auch schon in diesem Dasein im erlösenden Ein-Gehen jeder gewordenen Form von der Wahrheit im Grunde zu zeugen.

Dieses Wesen in uns ist also kein bloßer Begriff, kein Traumbild einer frommen Phantasie, kein Ergebnis einer metaphysischen Spekulation, sondern eine im Leiden und inneren Anruf erfahrbare Realität. Es ist die eigentliche Wirklichkeit in uns wie in allen Dingen, die Wurzel des eigentlichen Subjekts, dem gegenüber unser in der Zeit gewordenes und nur auf reales oder irreales Bestehen zielendes Selbst das Pseudosubjekt ist. Das unter dem Selbstsein verborgene uns eingeborene Wesen ist der große, geheime Partner in uns, der, wenn wir nur seiner Stimme zu folgen lernen, sich als der heilende Geist erweist. Heilend ist dieser Geist, weil, wenn wir ihm folgen, er uns wieder mit der Einheit im Grunde verbindet und uns in ihr in ganz anderer Weise sicher, vollkommen und ganz macht, als das Ich-Selbst es kraft seines Geistes vermag; denn er, der vom Wesen Getrennte, führt auch dort noch in die Heillosigkeit hinein, wo er, einer Sache oder einer Gemeinschaft dienend, Welt und Leben eigenmächtig zu ordnen versucht. Erfahrungen aus dem Wesen allein können uns lehren, in allem, was das Ich-Selbst nur als Tod, Sinnlosigkeit und Verlassenheit empfindet, eine tiefere Gesetzlichkeit zu erahnen. Nur wo der Mensch, weil ihm das Wesen aufging, nicht mehr mit der Beschränktheit des Raum-Zeitlichen hadert, nur wo er, vom Wesen her weise geworden, begreift, daß das Ein-Gehen nicht weniger zum Leben gehört als das auf Vollendung hinzielende Ausgehen, kann er, soweit ihm das zusteht, den Kampf mit den bedrohenden, verwirrenden und Erfüllung versagenden Mächten des Daseins in einer Weise aufnehmen, die im tiefsten Sinne lebensgerecht ist, d. h. dem Geiste der Wahrheit entspricht.

Aber wie äußert sich denn das Wesen? Wie erfahren wir von ihm? Was sind die Kriterien dafür, daß Erlebnisse, die wir für Äußerungen dieses Wesens nehmen, auch wirklich solche sind?

Ein Kriterium ist immer, daß der Ruf aus dem Wesen über alle Formen gröberer oder edlerer Selbstbehauptung hinweg von uns fordert, erst einmal das Leben, so wie es ist, mitsamt seinem Leiden, Sterben und Tod *anzunehmen,* und daß er, keinerlei Stillstand duldend, von uns nicht nur immer neuen Aufbruch verlangt, sondern auch die Bereitschaft, alles Gewordene hinzugeben, d. h. auch zu sterben. Jede Äußerung des Wesens zielt auf ein Lassen des Ichs und des von ihm gehaltenen Standes. So verlangt es von uns die große Umkehr und Wandlung, die Metanoia und Neugeburt unseres Selbstes. Es ruft in der Stimme des absoluten Gewissens; es berührt uns in der geheimnisvollen Qualität jener beglückenden Augenblicke des Lebens, wo wir im Wagen, im Erkennen, im Schaffen und Lieben für Augenblicke einmal die Ich-Gegenstand-Spannung, aus der das ganze Selbstgehäuse seine Kraft zieht, überwinden; es spricht uns an mit der Stimme der großen Sehnsucht, in deren lebendigem Grund immer schon als Verheißung Wirklichkeit hat, wonach wir uns sehnen. Es fängt uns auf, wo wir einmal einem großen Leid nicht mehr ausweichen, sondern uns im Glauben an das, was hinter dem drohenden Nichts ist, ausglühen lassen.

Um die Wirklichkeit dieses Wesens weiß heute so mancher, der sich gerade dort, wo nach dem Verstande des Selbstes das Leben im Dasein zu Ende war, von einem tieferen Seinsgrund aufgefangen erlebte, wo, etwa in einer Bombennacht, der Tod unmittelbar da war und die furchtbare Angst des Selbstes, wenn er ihn *annahm,* mit einemmal umschlug in große Gelassenheit und der Mensch ganz unerwartet und plötzlich in sich selbst jenen unzerstörbaren Kern fühlte, an den kein Sterben des leibhaftigen Selbstes herankommt. Ebenso weiß um die Wirklichkeit dieses Wesens aus Erfahrung der Mensch, der, an der Sinnlosigkeit dieses Lebens zerbrechend, in einer begnadeten Stunde sie «anzunehmen» vermochte und dann mit einem Male einen tieferen Sinn in allem verspürte. Und endlich wissen um die Wirklichkeit des im Wesen verkörperten größeren Lebens alle die, die einmal alles verloren und sich in der größten Verlassenheit, wenn sie sie nur ganz anzunehmen vermochten, mit einem Male ganz unbegreifbar geborgen und aufgefangen erfuhren von einer durch ihr Wesen hindurchwirkenden Liebe, die nicht von dieser Welt ist.

Hier überall wurden vom Wesen her die Schranken des Selbstes durchbrochen. Erst dort aber, wo der Mensch das ihn blitzartig erleuchtende Wissen bewahrt und sich nicht wieder dem Wesen verschließt, wird er verwandelt und fähig, das Kreuz seines Lebens im Dasein, gegen das er im Selbstsein nur kämpft, demütig auf sich zu nehmen und, wenn er den Schatz seiner «Großen Erfahrung» treulich bewahrt und behütet, auch fähig, wiederum alle Kräfte seines Geistes und auch seines Ichs – nunmehr aber im Sinne des Wesens – zu nutzen.

Was aber kann der Mensch tun, daß dieses ihm einmal zuteil wird? Kann er es «machen»? Gewiß nicht! Der Geist der Wahrheit im Wesen weht, wann er will, nicht wann der Mensch will. Aber der Mensch kann das, was in ihm dem Wirken dieses Geistes entgegenwirkt, in steter Übung entmachten. Er kann lernen, sein Ich mit seinem Dauerwillen zu lassen, kann lernen, die Schmerzscheu des Ichs zu überwinden und die leidvolle Wirklichkeit dieses Daseins auf sich zu nehmen. Er kann sich üben, zum Wesen hin durchlässig zu werden und sein inneres Auge und Ohr mit Stetigkeit zu verfeinern. Er kann lernen, sich, vom Wesen berührt, im Leiden des Selbstes in der Stille zu läutern, das

heißt, das Leiden als den Schleifstein zu nehmen, der den
Kristall seines Wesens überhaupt erst hervortreten läßt. Er
kann vor allem auch lernen, allen Einflüsterungen zu widerstehen, die in teuflischer Weise den Zweifel an der Wahrheit der inneren Stimme erregen, indem sie mit der hybriden
Behauptung, die «objektive» Wahnwirklichkeit des Ichs
sei die eigentliche, die Wesenserfahrungen zu «bloß subjektiven Erlebnissen und Stimmungen» entwerten. Er kann
also lernen, in steter Übung, die Stimmen des Wesens ernst
und wahr zu nehmen, kann lernen, sich von der Wirklichkeit, die aus dem Wesen her aufblüht, fortschreitend bestimmen und durchwachsen zu lassen und sich, wo ihm das
Wesen einmal wirklich ins Innesein kam, aus ihm heraus zu
verwandeln.

In jenen Erlebnissen, in denen der Mensch mitten in seinem
raumzeitlichen Dasein ein Überraumzeitliches erfährt, berührt ihn in der Dunkelheit seines beschränkten Lebens im
Dasein der Strahl eines unendlichen Lichtes. Und schließt
er dann nicht die Augen, dann schaut er aus dem Begrenzten seines selbsteigenen Gehäuses in unermeßliche Weite.
Das Verschlossene tut sich auf, und das unfaßbar Offene
weht ihm entgegen. Es flutet herein wie der neues Leben
spendende Himmelsregen im Frühling. Der Geruch neu
aufbrechender Erde dringt ein, der Odem eines größeren
Lebens erfüllt ihn, und alles durchläuternd, erwärmend, er-
leuchtend, beglückt ihn die Flamme eines alles verwandelnden Lichts.

Aber der Mensch ist das Wesen, welches das «Fassen» nicht
lassen kann. Mag sein, daß er die Unmittelbarkeit des unendlichen Lichtes noch nicht erträgt oder sich von seinem
alles fixierenden Ich nicht zu trennen vermag – wieder und
wieder schiebt er das trennende Glas seines eigenen Geistes
dazwischen, auf das er die Bilder zurückwirft, die die Be-
rührung des Ewigen in seiner Endlichkeit anregt, und

schon treten wieder die Bilder aus seinem Geist an die Stelle des Unendlichen, das das Bildlose ist. Wohl schimmert noch durch die bunten Gebilde seiner menschlichen Antwort das Unendliche selbst – aber allzuleicht bleibt der Mensch dann an den Figuren hängen, die seinem menschlichen Geiste entsprechen, und das unbegreifbar Offene, von dem allein echte Heilung entspringt, wird in der Beschränkung des es «erfassenden» Geistes wieder vertan.

Nur wer das Wunder des ihm heimleuchtenden Lichtes erträgt und sich die heimrufende Stimme in ihrer Reinheit bewahrt, vernimmt darin die Stimme eines unendlichen Geistes, der nicht mehr Menschengeist ist. Dürfen wir nicht sagen, daß uns in solchem Erleben etwas vom Geist Gottes angerührt hat? Daß etwas von jenem Geist sich darin spiegelt, von dem Christus gesagt hat: «Es ist gut, daß Ich hingehe. Denn so Ich nicht hingehe, so kommt der Tröster nicht zu euch. So Ich aber hingehe, will Ich ihn euch senden.» Und weiter: «Wenn aber jener Geist der Wahrheit kommen wird, der wird euch in alle Wahrheit leiten.»

DIE SEELE IM SCHATTEN DES
LEISTUNGSZWANGES

Eines Tages im Jahre 1941 hatte ich in Tokio den Besuch eines mir befreundeten Japaners. Gegen seine sonstige Art war er ungewöhnlich ernst und gestand mir alsbald, daß er unter dem Eindruck eines ebenso unangenehmen wie überraschenden Erlebnisses stünde.

«Was haben Sie denn so Unangenehmes erlebt?» fragte ich.

«Ja», sagte er, «Sie kennen doch Ihren Landsmann, den Doktor Soundso. Ich war gerade bei ihm zum Tee. Und da geschah es.»

«Was geschah?» fragte ich.

«Nun – Ihnen will ich es erzählen. Das Mädchen brachte den Tee. Und da widerfuhr ihr das Mißgeschick, daß eine Tasse zu Boden fiel und zerbrach –»

«Nun und?»

«Ja, da eben geschah das Unbegreifliche: Der Doktor ärgerte sich! Der Ärger stieg in ihm auf, und er ließ, können Sie das verstehen, den Ärger hochkommen. Und was noch schlimmer war, er zeigte ihn! Und was das Ärgste war, er ließ sich hinreißen und gab dem Mädchen ein hartes Wort! Stellen Sie sich das vor! Wegen einer Tasse! Und wo es doch schon ohnehin schlimm genug für das Mädchen war. Können Sie das begreifen? Der Doktor ist doch, wie man meinen sollte, ein gebildeter Mensch; und dabei so ein Mangel an Reife! Wie geht das zusammen?»

«Was wäre Reife gewesen?» frage ich den Japaner.

«Daß ihn nichts mehr berührt. Aber das warf ihn um – so eine kleine Sache. Daß, wenn es ihn schon berührt, er sich spielend beherrscht; aber es riß ihn fort. Daß, wenn es ihn aber hinreißt, er sich lachend auffängt und etwas Liebes sagt; aber seine Worte waren vernichtend. Er ist unreif, denn er ist wie ein Baum ohne Wurzel; ein kleiner Wind bläst ihn um. Er ist wie ein Gespann ohne Lenker; die Pferde gehen ihm durch. Er ist wie ein Teekessel auf glühenden Kohlen, der, in der rechten Weise geöffnet, singt und immer bereit ist, das gute Wasser zu spenden, der nun aber, weil er verschlossen ist, explodiert und, was er beleben sollte, vernichtet. – Der Unreife ist den guten Mächten verstellt, und so verwandelt sich ihre Kraft in das Böse, das ihn und was um ihn ist zerstört und vergiftet.»

Das Entsetzen meines Freundes war echt. Ich aber dachte im stillen: «Oh, wenn du wüßtest!» Und wieder einmal stand ich vor einer Tatsache, der sich wohl kein Europäer entziehen kann, der eine Weile mit offenen Sinnen im Fernen Osten lebt, daß nämlich bei aller Überlegenheit, die der Abendländer auf so vielen Gebieten dem Menschen des Ostens gegenüber hat, er ihm in einem Punkt in erschreckendem Ausmaß nachsteht: in der Ausbildung menschlicher *Reife* und im Wissen um ihre zentrale Bedeutung für das Ganze des menschlichen Lebens.

Der Mangel an Sinn für menschliche Reife zeigt sich bei uns überall, sowohl in der Lehre vom Menschen wie in der Praxis des täglichen Lebens. Weder ist «Reife» jemals ein Zentralbegriff unserer Philosophie gewesen noch je zu einem Grundanliegen unserer Erziehung oder ein Maßstab zur Bewertung des Menschen geworden. Die Folge davon ist überall ein erschreckendes Maß an menschlicher Unreife, deren unheilvolle Auswirkung sich auf allen Gebieten des Lebens zeigt: in der Politik, in der Wirtschaft, in der Wissenschaft, in den Ehen und nicht zuletzt in der Gesundheit der Menschen. Gerade wir Deutschen haben immer wieder dafür zahlen müssen, daß die Verwirklichung sei es innenpolitischer oder außenpolitischer Ziele an der Unreife der Verantwortlichen scheiterte. Das ganze soziale Leben krankt daran; Arbeiter und Angestellte, Schüler und Studenten, Kinder und Erwachsene haben in gleicher Weise unter der Unreife ihrer Vorgesetzten zu leiden. Und so oft scheitert ein Werk, dessen Gelingen durch Besitz, Wissen und Können gewährleistet schien, an der Unreife derer, die es zu vollenden haben. Jeder Psychotherapeut weiß, daß die immer häufigeren Ehekrisen zu drei Vierteln ihren Grund darin haben, daß den Ehepartnern die Reife fehlt. Ebenso sind die meisten Krankheiten der Seele, die Neurosen, auf Störungen in der Entwicklung zur Reife zurückzuführen. Angesichts dieses unbestreitbaren Zustandes gehört eine Besinnung auf das Wesen menschlicher Reife wie auf die Ursachen dafür, daß die Unreife bei uns in diesem Ausmaße ihr Unwesen treiben kann, zu den vordringlichsten Aufgaben der Zeit. Wie ist der unheilvolle Zustand zu verstehen?

Ein Beispiel mag mehr als langwierige theoretische Erklärungen einen der wesentlichsten Gründe zeigen.

Eines Tages kommt ein Industrieller zu mir, ein Mann von großem Ansehen, und führt sich folgendermaßen ein:

«Herr Professor, bitte sagen Sie mir, was mir eigentlich fehlt; ich bin, wie die Ärzte sagen, kerngesund. Ich habe keinerlei finanzielle Sorgen. Ich habe mir auch nichts vorzuwerfen, das heißt, ich habe eine reine Weste, bin geachtet von meinen Untergebenen und von allen Seiten beneidet. Und doch – irgendwo ist bei mir der Wurm drin!»

«Was meinen Sie damit?» frage ich.

«Ja», sagte er, «Sie können es glauben oder nicht, ich habe in all meiner Gesichertheit in der Welt eine mir unbegreifliche Angst, habe in all meiner Rechtschaffenheit Gefühle der Schuld und inmitten der Fülle, mit der mein Leben gesegnet ist, immerzu das Gefühl einer gähnenden Leere!»

Wie oft höre ich das: Angst in der Sicherheit, Schuldge^
fühle in einem äußerlich rechtschaffenen Leben, Leere in^
mitten weltlicher Fülle! Was fehlt da? Ich frage den Mann:
«Was ist denn eigentlich die oberste Devise Ihres Lebens?»
Ohne Zögern antwortet er und wirft sich dabei in die Brust:
« Das kann ich Ihnen sagen! In drei Worten kann ich Ihnen
das sagen! Die drei Worte hängen über meinem Schreib^
tisch und in allen Räumen meines Betriebes!»

« Und wie lauten die drei Worte?» frage ich. Und mit dem
Brustton der Überzeugung, eine letzte, unbezweifelbare
Wahrheit auszusprechen, antwortet der Mann: «*Leistung
ist alles!*»

«Wie», sage ich, «Leistung ist alles? Sie Ärmster! Dann
wundere ich mich freilich über gar nichts!»

Das Mienenspiel, das nun auf dem Gesicht meines Partners
einsetzt, ist tragikomisch. Er verfärbt sich, runzelt die Stirn,
grinst und sieht mich an wie einen Irren.

«Im Ernst, glauben Sie wirklich, Leistung sei alles? Daß es
im Leben also nur auf die Leistung ankommt, die ein
Mensch vollbringt?»

«Ja, auf was denn sonst?» antwortete er irritiert.

« Nun », sage ich, «ich bestreite gar nicht die Notwendigkeit
für uns alle, etwas zu leisten. In der Wirtschaft nicht weni^
ger als sonstwo sind wir zu gültiger Leistung aufgerufen.
Aber glauben Sie ernstlich, daß der Sinn unseres Lebens,
der Wert des Menschen und das Heil seiner Seele allein von
seiner Leistung in der Welt abhängt?»

«Von was denn sonst?» fragte er leicht erschüttert zurück.

«Haben Sie noch nie etwas von einem inneren Weg gehört,
der dem Menschen nicht weniger aufgetragen ist als das
sichtbare Werk? Haben Sie noch nie etwas von der Not^
wendigkeit und vom Segen eines innerlichen Weiterkom^
mens gehört, eines inneren *Reifens,* ohne das es keinen inne^
ren Frieden gibt?»

Bei diesen Worten verdüstert sich das Gesicht meines Partners, und mit einer zugleich abwehrenden und abwertenden Geste sagt er: «Meinen Sie am Ende Religion oder sonst so was Innerliches? Mein Lieber, dafür hat unsereiner keine Zeit, und damit kann man weder Maschinen bauen noch sich in der Welt durchsetzen!»

Diese Antwort ist typisch und offenbart die ganze Abgründigkeit der Lage. Diese Menschen, oft tüchtige, gebildete, ordentliche und wohlmeinende Menschen, sind derartig im Leistungswahn befangen, das heißt im Wahn, das Leben nur im Zeichen erfolgreicher Leistung bestehen zu können, daß sie ernstlich glauben, ihre ganze Innerlichkeit verdrängen zu müssen. Das Ergebnis ist dann ein allein von den Forderungen der Welt ins Geschirr genommenes Leistungstier, das in der Einseitigkeit seiner Ausbildung eine Karikatur dessen ist, was der Mensch eigentlich sein und immer mehr werden sollte: eine Einheit von Leib, Geist und Seele. Könnte man jenen Menschen malen, so müßte man ihn darstellen mit einem Riesenkopf, einer aufgeblasenen Brust, stählernen, aber ganz mechanisch funktionierenden Gliedern, die nicht organisch zusammenspielen, sondern künstlich von einem harten Willen zusammengehalten und gesteuert werden. In der Mitte aber, wo das richtende, ordnende und beseelende Zentrum sein sollte, da wäre recht wenig, eigentlich nur ein Hohlraum, in dem, umpanzert von einem ängstlichen und leicht verletzbaren Ich, das eigentliche Wesen ein Schattendasein führt! Der Mensch aber, der diesem Bilde entspricht, ist trotz allem, was er hat, weiß oder kann, innerlich ein Kind geblieben, denn seine Seele blieb klein. Äußerlich ein Erwachsener, aber innerlich unreif, steht er unbeherrscht und voller Illusionen den Mächten des Schicksals im Großen wie im Kleinen hilflos gegenüber und scheitert endlich am Leben, weil er sich selbst gegenüber versagt hat. Aus der Atemnot seines vernachlässigten seelischen

Wesens kommen dann jene Gefühle unbegreiflicher Angst, Schuld und Leere, die so mancher erlebt, der, äußerlich gesehen, auf dem Gipfel seiner Entfaltung zu stehen scheint. Die anderen, die sein Inneres nicht sehen, mögen seine Fassade bewundern. Hinter ihr lebt ein unglücklicher Mensch, dessen seelisches Leiden und Mangel an innerer Stille nicht weniger als das Unheil, das von ihm ausgeht, die Quittung dafür ist, daß er unreif geblieben.

Tut es nicht not, sich dieser Unreife, die uns alle bedroht, bewußt zu werden und nach dem Weg in die Reife zu fragen?

LEISTUNG UND STILLE

Dem Menschen unserer Tage fehlt die Stille, die äußere und, mehr noch, die innere Stille.

Im Äußeren bedrängen uns die Geräusche der durch die Technik aufgestörten Kräfte der Natur, in deren unberührte Räume wir dann gelegentlich fliehen. Der Lärm der Enge kommt dazu. Kaum noch ein Haus oder eine Stätte der Arbeit, wo wir nicht unter ihm leiden. Zur äußeren Stille gehört die entsprechende Weite des Raumes, gehört, daß die Atmosphäre nicht durch Fremdes gestört sei und daß Geist und Seele sich frei ausschwingen können.

Aber ernster noch als das Fehlen der äußeren Stille ist das Fehlen jener inneren Bedingungen, die den Menschen befähigen, auch in allem äußeren Lärm und Ansturm des Lebens Stille zu erfahren, zu wahren und auszustrahlen. Die Menschen, von denen Stille ausgeht, weil sie innerlich still sind, sind selten geworden. An die Stelle organisch wachsender Stille, die aus dem Wesen kommt, ist die «Ruhe», das sich «Still-Legen», aus Selbstzucht getreten. Die vorübergehende Ruhe, die aus einer «Übung» oder Selbstdisziplin kommt, ist jedoch etwas anderes als die Stille, die eine innere Verfassung kundtut, die keiner Willenshaltung bedarf, um zu halten. Die Stille, die aus einer inneren Ordnung der seelischen Kräfte herkommt, ist auch etwas anderes als die «Bierruhe» eines Phlegmatikers, hinter der kein Leben mehr pulst. Gewiß, es gibt die Menschen mit dem «dicken Fell» wie auch die anderen mit einer alles harmonisierenden Schwingungsformel ihrer Natur. Jenen erspart mangelnde

Empfindsamkeit und Ansprechbarkeit die störende Erre-
gung. Bei diesen löst sich der störende Eindruck, der andere
erregt, wie auch der innere Impuls, schon ehe er Tiefe gewinnt, in behagliches Wohlgefallen. Aber die Stille dieser
Menschen ist flach und ohne innere Kraft oder Strahlung.
Es geht um die empfindsamen Naturen mit starken Impul-
sen, um die Menschen mit Feingefühl und innerem Leben,
mit Phantasie und der Kraft zur Idee, um die Menschen,
deren innerer Reichtum, Begabung und Kraft, deren Pla-
nungsvermögen und Ansprechbarkeit für das Neue, das
jede Stunde enthält, sie zum Aufstieg in der Leistungsord-
nung des Lebens bestimmt hat. Es geht um all die, die dank
diesen Eigenschaften an führende Stelle gelangen. Sie aber
gerade leiden heute meist unter einem Ausmaß an innerer
Spannung, die das Gegenteil «innerer Stille» ist und keineswegs allein seinen Grund in dem Druck der Überforde-
rung hat. Aber eben diese Menschen sehen meist keine andere Möglichkeit, die Stille zu wahren, als in einer eisernen
Selbstdisziplin, die die Fülle der Spannungen bannt, die sie
von innen bedrängt. Dies Verdrängen der inneren Spannungen aus Zucht führt aber nicht weit. Was Ordnung zu
sein scheint, verdeckt nur eine wachsende Unordnung un-
erlöst drängender Kräfte. Mit kleinen Nervositäten beginnt
es. Bald stellen sich Stimmungsschwankungen ein und
schlechte Laune, die, weil sie an der Stätte der Arbeit nicht
gezeigt werden darf, die häusliche Atmosphäre vergiftet.
Dann kommen, wenn das Ventil nicht mehr hält, die ge-
legentlichen Explosionen, die Unbeherrschtheiten, die nur
der Mächtige im Beruf sich leisten darf – und endlich der
Nervenkollaps.
Die Hilflosigkeit gegenüber dieser Entwicklung ist allgemein und zeigt das Maß des Versagens einer Erziehung, die
einseitig auf Leistung gestellt ist. Schon dem jungen Menschen gegenüber wurde versäumt, im Kräftehaushalt des

Geistes jene Einseitigkeit zu vermeiden, die die Kräfte des seelischen Reifens denen der «Leistung» aufopfert. Das Ende ist dann, daß gerade die Begabtesten, die das Leben hinaufträgt, weil sie zu seiner Ordnung bestimmt sind, mit einem Male versagen – sachlich und menschlich. Sie blieben innerlich «klein», und das kommt nun plötzlich zum Vorschein. Sie sind dem Maß an Erwartung und Verantwortung, das ihnen zuwuchs und das sie nun vor sich und anderen tragen, innerlich nicht mehr gewachsen, beginnen um sich zu schlagen und versagen auch in der äußeren Leistung.

Fragt man sich, wie da Abhilfe schaffen, d. h. wie zur echten Stille gelangen, die Ausdruck innerer Ordnung und Voraussetzung äußerer Bewährung ist, so gilt es vor allem, die Bedingungen zu erkennen, die ihr zugrunde liegen, aber auch die Erscheinungsformen der rechten Stille von denen, die Stille nur vortäuschen, zu sondern.

Es gibt eine Führerruhe, die falsch ist, weil sie nur auf äußerer Machtposition oder einer begrenzten sachlichen Überlegenheit aufruht. Sie bewährt sich zwar in der eingespielten Ordnung eines unbestrittenen Herrschens, gewohnten Verhandelns und gekonnten Organisierens, gerät aber ins Schwanken, wo immer ein Mächtigerer in den eigenen Raum tritt oder ein persönlicher Angriff erfolgt. Sie versagt, wo es um die «Position» geht – um die äußere oder gar um die innere –, versagt schon, wenn etwa ein Untergebener mit Recht gegen die Ungerechtigkeit einer Maßnahme auftritt oder in einer sachlichen Frage seine Überlegenheit zeigt, versagt, wenn gefühlt wird, daß aus sachlichen oder persönlichen Gründen Vertrauen sich löste, das unerschütterlich fest zu sein schien. Dann, mit einem Male, ist die innere Stille dahin, und das ganze so schöne Gebäude zeigt seine tönernen Füße. Schlaflosigkeit und Gereiztheit setzen ein, unsachliche Handlungen folgen, Erschöpfungszustände

treten auf – und die Schuld? Sie wird draußen und bei anderen gesucht! Der Mechanismus der automatischen Selbst-
rechtfertigung springt an und kommt schnell auf höhere
Touren, beschönigt das eigene Versagen und verbirgt die
inneren Gründe. Irgendwo aus der eigenen Tiefe meldet
sich wohl eine Stimme, daß es nicht bloß die Sorge und der
Einsatz für die «Sache» sind, die dem Menschen die Stille
jetzt rauben, sondern etwas im eigenen Inneren, das ruhig
ins Auge zu fassen er sich vor sich selber noch scheut – geschweige, daß er es zugeben könnte! Und es ist gerade der
Widerstand gegen die aufdämmernde innere Wahrheit, der
die letzten Reserven verbraucht, dies Nicht-zugeben-Kön-
nen, auch sich selbst gegenüber nicht, der eigenen Schwä-
chen und Fehler, dies Nicht-heruntersteigen-Können vom
Thron, auf den sich der Mensch nicht nur den anderen gegenüber, sondern auch sich selbst gegenüber gestellt hat.
In solchen Augenblicken mag dann das Bild von Menschen auftauchen, die Niederlagen erlitten, ohne je «klein»
zu werden, die persönlich angegriffen wurden, ohne je die
Contenance zu verlieren, die in Teufels Küche gerieten und
alles verloren, was ihnen Geltung verlieh, ohne die Stille
einzubüßen, die immer von ihnen ausging, und die, wie sich
nun zeigt, in einer ganz anderen Verfassung bedingt ist als
jene nur scheinbare Ruhe, die Ausdruck einer Machtposition ist und oft, durch äußere Umstände begünstigt, einen
zeitlebens verborgenen Irrtum über sich selbst verhüllt.
Was ist bei diesen Menschen der entscheidende Faktor, der
ihnen in jeder Lage die innere Stille bewahrt und sie auch
dann noch für die andern als Hort der Stille erhält, wenn alles bedroht scheint? Ist es das überlegene Können? Niemals
allein. Die guten Nerven? Sie eben können mal reißen. Also,
was ist es? Nichts anderes als dies, daß sie für sich selber
nichts wollen! Das ist eine alte Erkenntnis, gewiß. Aber
eine Erkenntnis, deren theoretischer Besitz noch lange nicht

bedeutet, daß man sie innerlich hat und ihr gemäß ist; eine Erkenntnis, die zu leben eine Lebensaufgabe bedeutet, deren Erfüllung, wie sie vom Leben immer von neuem bedroht ist, auch immer von neuem errungen sein will. Das Wort vom «mehr scheinen wollen, als man ist» kennt jeder, mit ihm Ernst machen können nur wenige, um so weniger als das Leben den Menschen oft für zu lange die ernsten Krisen versagt, in denen sich zeigt, daß die scheinbar sachliche Einstellung doch ihre Grenzen gehabt hat und der Mensch irgendwo, zumindest sich selbst gegenüber, nicht ganz von einer Prestigepolitik loskam, von der ein kleiner Rest schon genügt, das ganze «Haus» zu gefährden.

Das Aufgeben des eitlen Ichs mit seinem Wunsch, um jeden Preis zu gelten, seinem Wahn, das Leben müßte seiner Vorstellung entsprechen, und seinem Willen, sich auf dem Platz zu verschanzen, den es in der Welt und im eigenen Spiegelbild einnimmt, ist vielleicht die schwerste Aufgabe, die dem Menschen von innen gestellt ist. Die Unentwegtheit des Ichs ist Wurzel und Nährgrund all der dämonischen Mächte, die den Menschen der Stille berauben. Nicht nur die Sache, das Werk und die Reinheit der Idee, für die ein Mensch sich aufrichtig einsetzt, werden durch die Vorherrschaft oder auch nur durch das Mitschwingen des Ichs unfehlbar getrübt, nicht nur die Wahrheit des Lebens, wie es in Wirklichkeit ist, wird von ihm verfälscht. Auch jener Grund des eigenen *Wesens* wird an der Entfaltung gehindert, in dem allein der Mensch nach Individualität und Rang wirklich «er selber» ist und aus dem allein er jene innere Mächtigkeit zu gewinnen vermag, die nicht an äußerer Macht hängt und die ihn unabhängig macht von allen Störungen, die das Leben als Gefährdung und persönlichen Angriff immer wieder hervorbringt. Erst diese Selbstmächtigkeit aus der Tiefe des eigenen Wesens, das wachsen nur kann, wo man nicht nur seine Möglichkeiten, sondern auch

seine Grenzen erkennt, ist die Wurzel jenes echten Selbst-
bewußtseins und Stolzes, der nicht, wie die Eitelkeit, aus
dem quantifizierenden Vergleich mit anderen hervorgeht,
sondern ganz in sich selber ruht. Seine Unerschütterlich-
keit ist, unabhängig von äußerer Anerkennung und Macht,
in der Wahrheit des Menschen gegen sich selber gegründet
und beglückt den, dem sie aufging und der zu ihr ja sagt,
und auch die anderen, die ihm begegnen, mit der Kraft
der schöpferischen und lösenden Stille.

Beglückend ist die Stille, die von einem Menschen ausgeht,
der ganz einfach und menschlich ist, was er ist, und der sein
Schicksal überwindet, weil er es hinnimmt. Beglückend die
Stille des Menschen, den keine «Position» und kein «Ehrgeiz» verleitet, sein inneres Maß zu verletzen, und verführt,
sich anders zu geben oder zu wollen, als er seinem Wesen
nach ist. Beglückend ist seine Stille, weil sie auch den anderen frei macht, frei in seinem eigenen Menschsein und dadurch allein auch erst frei zur Entfaltung seiner schöpferischen Kräfte. Denn das ist die Frucht eines Werdens aus der
Wahrheit gegenüber dem eigenen Wesen, daß dem Menschen nicht nur der Friede mit sich und der Friede mit Gott
geschenkt wird, sondern daß auch die Kräfte der Leistung
ihr volles Maß erst gewinnen. Es entfällt der Kräfteverbrauch
aus der Lüge des falschen Anspruchs. Nur die Lebens- und
Leistungsentwicklung, die nicht allein aus einem planenden
Willen hervorgeht und ihr Gesetz nicht mehr aus dem Ich-
anspruch nimmt, sondern aus der geheimnisvoll-ichlosen
Tiefe des Wesens, zeitigt auch jene Dauer des Werkes, die
niemals einer «Endgestalt» eignet, sondern als eine fortzeu-
gend fruchtbare Form dem Grundgesetz des atmenden Lebens entspricht.

VERLUST DER INNERLICHKEIT

Ich sprach einmal mit dem erfahrenen Abteilungsleiter eines größeren Betriebes über seine Leute – seine Untergebenen und seine Vorgesetzten. Dabei kam das Gespräch auf
einen älteren Werkmeister, der weder besonders intelligent
noch besonders fleißig war und der daher oft genug Anlaß
zu Mahnungen gab und vor der Entlassung stand.
«Aber Sie halten den Mann trotzdem?» fragte ich.
«Auf jeden Fall», antwortete mein Partner.
«Und warum?»
«Weil um ihn herum kein Krampf ist. In seinem Raum
gibt es keine verkniffenen Gesichter. Die ganze Atmosphäre
um ihn herum ist frei und heiter.»
«Und wie verstehen Sie das?»
«Nun, der Mann hat eben eine gute Ausstrahlung. Er ruht
irgendwie in sich, und auch wenn es einmal hart hergeht,
bleibt er immer derselbe. Er bleibt eben unter allen Umständen gelassen, heiter und – ja, sagen wir es ruhig: *gütig*.»
«Er besitzt eben etwas, was auf die Dauer wichtiger ist als
überdurchschnittliche Leistungskraft, nämlich eine gewisse
menschliche Reife!»
Menschliche Reife als Maßstab der Bewertung eines Menschen, wie selten ist das bei uns! Denn wonach fragen wir
in der Regel, wenn wir Menschen beurteilen?
Das erste, was wir von einem Menschen zu verlangen pfle-
gen, ist, daß er sich irgendwie im Leben durchsetzt. Das ist
auch das erste, woran wir denken, wenn ein junger Mensch
ins Leben tritt, daß er genug kann und weiß, um sich durch-

zusetzen. So auch bewundert man den, der es bald – wie man so sagt – «zu etwas bringt». Durchsetzungskraft und Stehvermögen ist also *ein* Wertmesser. Der zweite ist das, was man so für gewöhnlich «Charakter» nennt. Wir fragen, ob ein Mensch eine anständige Gesinnung hat, ob er ehrlich und zuverlässig ist, aufrichtig und ohne Falsch, ob er Pflichtgefühl und Verantwortungsbewußtsein hat, kurz, ob er die Tugenden besitzt, ohne die menschliche Gemeinschaft nicht sein kann.

Aber wie viele Menschen gibt es, die uns auf Grund ihres Könnens und Wissens Respekt einflößen und andrerseits auch Achtung wegen ihres vorbildlichen Charakters – und doch fehlt ihnen etwas: die menschliche Strahlung. Es fehlt ihnen an innerer Ausgeglichenheit, am Frieden mit sich selbst – und so auch an der Fähigkeit zu echtem menschlichem Kontakt. Es geht keine Wärme von ihnen aus – kein Segen, weil sie mit sich selber uneins und innerlich nicht glücklich sind.

Und *da* liegt vielleicht der wichtigste Maßstab für den Wert eines Menschen: In der Antwort auf die Frage, ob er innerlich glücklich ist, im Frieden mit sich – und so auch selbstverständliche Quelle jener Ausstrahlung, in der der Mitmensch sich als Mensch angenommen fühlt – angenommen, d. h. überhaupt als Mensch gesehen, gefühlt, verstanden und geliebt. –

Lassen Sie mich in diesem Zusammenhang auf das Gespräch mit dem Abteilungsleiter zurückkommen. Wir sprachen von den Chefs und ihrer Einstellung zu dem alten Werkmeister.

«Die Meinung der Chefs ist geteilt», sagte er. «Der jüngere ist gegen mich, der Alte – damit meinte er den Seniorchef – ist auf meiner Seite. Überhaupt der Alte! Wenn der durch die Räume geht und auch nur ‚Guten Morgen‘ sagt – dann geht den Leuten schon das Herz auf. Er sieht eben wirklich die Menschen, und ich glaube – so fuhr er fort –, es kommt eben letzten Endes überhaupt auf die ‚große Klammer‘ an. » «Was meinen Sie mit der großen Klammer?» fragte ich ihn. «Nun», meinte er, «das, was letztlich im inneren Leben eines Betriebes das Umfassende ist: die Sache oder der Mensch! Daß bei der Sache etwas herauskommen muß, ist klar. Daß dies nur mit Wissen und Können, Pünktlichkeit und Einsatz aller Kräfte möglich ist, ist auch klar. Aber auf all dem ist für alle Beteiligten doch nur dann Segen, wenn das alles Umfassende und Durchdringende die Menschlich‚ keit der ganzen Atmosphäre ist. Die aber geht von der inne‚ ren Einstellung der Vorgesetzten, insbesondere vom Herzen des Chefs aus. Und unser Alter ist eben ein ganzer Mensch und ist es geblieben!»

Mit diesem ganz einfachen Satz: «Er ist ein ganzer Mensch und ist es geblieben», hatte der Mann *die* Wahrheit ausge‚ sprochen, um deren Erkenntnis und Verwirklichung es überhaupt geht: daß der Mensch ein ganzer Mensch wer‚ den, *sein* und auch bleiben soll trotz allen zu Einseitigkeiten drängenden Forderungen des beruflichen Lebens. Wer von uns kann aber sagen, daß er ein ganzer Mensch ist und auch geblieben ist, trotz aller Not und aller einseitigen Beanspru‚ chung seiner Fähigkeiten und auch trotz aller Mechanisie‚ rung, der er in seiner Arbeit und seinem Beruf ausgesetzt ist? Denn zu diesem Ganzsein gehört vor allem die Erschlie‚ ßung der Innerlichkeit, in der der Mensch immer mehr zu sich selbst kommt und aus seinem tiefsten Kern heraus fähig wird, dem Leben in Gelassenheit zu begegnen und seine liebende und verstehende Zuwendung zum Mitmenschen durch nichts erschüttern zu lassen. Ohne diese Entwicklung des Seelischen bleibt der Mensch trotz aller Entfaltung sei‚ ner Fähigkeiten halb, und d.h. *unreif*. Daß aber diese Un‚ reife heute das Feld menschlicher Beziehungen in unheilvol‚ ler Weise beherrscht und so vieles zum Scheitern bringt, das wird viel zu wenig gesehen, geschweige daß etwas dagegen getan wird. Man nimmt es einfach hin. Der menschlich selber noch unmündige Lehrer ist ebenso an der Tagesordnung wie der menschlich unreife Chef einer Fabrik, einer Klinik oder eines Amtes. So aber wie die menschliche Reife der Eltern das eigentliche Fruchtwasser ist für die seelische Entwicklung der Kinder, so ist die menschliche Unausgegorenheit und Unausgeglichenheit aller Männer und Frauen, die an führender Stelle sind, der Ausgangspunkt verheerender Zerstörung im Leben derer, die ihnen zur Führung anvertraut sind.

Nun wird manch einer fragen: Ist denn die Reife nicht das Vorrecht des Alters, und sind die Tugenden, die der gereifte Mensch zeigt, nicht auch weitgehend anlagebedingt? Dazu ist zu sagen: Gewiß gibt es Menschen, die es anlagemäßig leichter haben als andere, Menschen, die sozusagen von Natur ausgeglichen und liebevoll sind und daher weniger in Gefahr, sich jene Entgleisungen zuschulden kommen zu lassen, die für den Unreifen so kennzeichnend sind. Und gewiß auch findet sich Reife öfter im Alter als in der Jugend. Andererseits bleiben gerade die, wie man so sagt, «glücklich veranlagten Naturen» leicht in ihrer inneren Entwicklung stehen. Und was die Alten anbetrifft, so vergegenwärtige man sich nur, wie selten bei uns alte Gesichter sind, die nicht einen innerlich verknitterten, harten, verbitterten Eindruck machen. Im Osten, da gibt es das Sprichwort: «Ein verbitterter Alter ist eine komische Figur», d.h. er ist nicht einmal des Mitleides würdig; denn er ist schuldig geworden an seiner Bestimmung zum inneren Weg. Die Reife ist also weder Ausdruck einer Anlage noch die natürliche Frucht des Altwerdens, sondern Ergebnis einer Arbeit, die der Mensch an sich selbst zu vollbringen hat. Es ist eine Arbeit, die nicht früh genug begonnen werden kann und die anzufangen doch niemals zu spät ist.

Worum geht es bei dieser Arbeit? Das ist ein großes Thema, das im Grunde die ganze Thematik des menschlichen Lebens betrifft. So will ich heute nur das Leitmotif anschlagen. Es lautet: Die Gewinnung des wahren Selbstes und, als Voraussetzung dafür, Überwindung des kleinen Ichs. «Das kleine Ich muß eingehen», sagt Meister Eckehardt, «damit das Selbst aufgehen kann.» Es geht um das Überwinden des kleinen Ichs, in dem wir, in uns selber gefangen, so machthungrig, geltungsbedürftig und verletzbar sind und so abhängig vom Beifall der Welt. Dieses Ich trübt unseren Blick für die wahre Realität und den eigentlichen Sinn unseres Lebens. Es verstellt uns den Weg in jene innere Freiheit, die der Mensch nur in dem Maß gewinnt, als er zu seinem wahren Wesen hinfindet. Nur aus diesem Wesen heraus sind wir fähig, das wechselnde Schicksal gelassen zu meistern und inmitten unseres Kampfes ums tägliche Brot und in unserem werkbezogenen Alltag zugleich jenen Einklang mit uns, mit den anderen und mit Gott zu finden, der die schönste Frucht menschlicher Reife ist.

Was aber ist das erste zur Reife? Daß wir uns die Unreife, in der wir selbst sind, in aller Ehrlichkeit zugeben, uns des hartnäckigsten Widersachers gegen Einklang und Reife bewußt werden und die Quellen des Reifens erschließen. Der Widersacher in uns ist das immer trennende Ich, die Quelle aber ist das vom Ich verstellte eigentliche menschliche Wesen. Seine Stimme zu hören, nicht nur in stillen Stunden, sondern im harten Alltag, ja selbst inmitten mechanisierter Arbeit, das ist unsere vordringliche Aufgabe.

GEISTIGE ÜBERWINDUNG
DES MECHANISCHEN

Die fortschreitende Technisierung des Lebens läßt immer wieder nach Wegen suchen, auf denen der Mensch die Gefahren zu überwinden vermag, die seiner Natur und seinem Geist aus ihr erwachsen. Drei Problemkreise sind dabei zu unterscheiden: Wie läßt sich der Überbeanspruchung in einer technisch entseelten Aktivität durch eine Entwicklung kontemplativer Kräfte in den Stunden der Freizeit begegnen? Wie läßt sich die technisierte Arbeit selbst in einem Sinne verändern, der sie ihres mechanisierenden Charakters entkleidet und den spontanen Kräften der Persönlichkeit mehr Spielraum gibt? Drittens: Sind nicht in den bis zur Mechanisierung technisierten Bewegungsabläufen, die unser heutiges Leben durchwirken, selbst geistige Möglichkeiten enthalten, die noch nicht zur Genüge erkannt und genutzt sind? Die erste Frage betrifft die «Freizeitgestaltung», die zweite die Organisation der Arbeit, die dritte, auf die allein sich die folgenden Ausführungen beziehen, ein psychologisches Problem.

Vor Jahren sprach ich in Tokio mit einem alten und klugen Japaner über Grundprobleme des Menschen, als plötzlich von seiner Seite der erstaunliche Satz fiel: «Damit etwas religiöse Relevanz bekommen kann, bedarf es nur eines: Es muß einfach und wiederholbar sein!» Seltsam, dachte ich, dann müßte ja alles, auch das wirklich Einfachste, wie der Atem oder das Gehen, aber auch jede automatisierte Arbeitsbewegung und jedes technische Können eine religiöse Chance enthalten? Der Weg führte uns an einem Tempel der in Japan verbreitetsten Sekte des Buddhismus vorbei, deren Anhänger ununterbrochen den Namen des Amida Buddha anrufen: «Namu Amida Butsu», «Namu Amida Butsu!» murmelt, summt es im Umkreise des Tempels. Das ist ein einfacher und ewig sich wiederholender Vorgang, dachte ich, und gewiß, der hat religiöse Bedeutung – aber doch nur, weil er an einen religiösen Gehalt gebunden ist! Was aber hat das mit den mechanisierten Bewegungen des Alltags oder des modernen Arbeiters zu tun? Einige Zeit darauf traf ich den Besitzer einer der größten Industrie des Landes. Er war Anhänger jener Sekte und zugleich berühmt durch seine arbeitspsychologischen und religionspsychologischen Interessen. Ich fragte ihn: «Sind Sie auch der Meinung, daß das Einfachste und Wiederholbare religiöse Bedeutung gewinnen kann?» Er bejahte. «Sehen Sie», fragte ich weiter, «einen Zusammenhang zwischen dem ,Namu Amida Butsu' und der mechanisierten Arbeit?» Da horchte er auf, schloß die Augen und sah mich lange und fragend an, so als wüßte er nicht, ob er den Fremden in dieses japanische Geheimnis einweihen dürfe. Dann aber sagte er: «Es geht nicht nur darum, die sich wiederholende Arbeitsbewegung mit der Gebetsformel zu verschmelzen, sondern darum, daß der ganze Tag im Atem dieses Gebets schwingt. Dann verwandelt sich auch die mechanische Arbeit ganz von selbst in das nie zu unterbrechende Gebet.»

Es liegt eine Kluft zwischen dieser Auffassung der in der mechanisierten Arbeit enthaltenen Möglichkeiten und der europäischen, die in ihr die größte Gottferne und die Gefahr der Abstumpfung und Entleerung der Persönlichkeit sieht. Eine Verschmelzung der Arbeitsbewegung mit einer Gebetsformel gibt es auch bei uns, aber doch nur bei Menschen, die ihre religiöse Haltung im Atem solcher Formeln befestigen und bewähren. Doch das bleibt der Sonderfall und trifft auch eigentlich nicht den Sinn jenes seltsamen

Satzes, der ja offenbar die «religiöse Chance» in der wiederholbaren Bewegung selbst und nicht in einer Verknüpfung
mit einem religiösen Gehalt suchte. Die Frage lautet also:
Läßt sich in den unser Leben durchziehenden einfachen
und wiederholbaren Bewegungen irgend etwas entdecken,
das eine wenn schon nicht religiöse, so doch irgendwie tiefere, das Lebensgefühl steigernde Bedeutung hat?
Unser ganzer Tag ist von solchen Bewegungen durchzogen, die teils naturgegeben, wie der Atem, teils von Kind auf
erlernt und geübt, wie das Gehen, Sprechen, Schreiben, unser Leben begleiten und tragen, teils auch auf der Ausbildung besonderer Fertigkeiten beruhen, deren technische
Vollendung wir dann in einer täglich geübten Kunst, einem Handwerk, einem Beruf oder auch in der mechanisierten Arbeit unter Beweis stellen. Die Frage ist: Liegt in ihrer
Technik selbst eine geistige Chance? Die Antwort lautet:
ja! Daß wir dies bislang nicht genügend erkannt und genutzt haben, liegt daran, daß der Mensch des Westens in
allen Bewegungen, die eine Leistung voraussetzt, meist nur
das Mittel zu der bezweckten Leistung sieht, aber nur selten,
daß in der technisch vollendeten Bewegung selbst ein Quell
besonderen Glücks, besonderer Kraft und einer besonderen
Erhebung des Geistes liegt. Was wissen wir zum Beispiel
vom «Gehen»? Wir eilen gespannt auf ein Ziel zu oder
«bummeln» in einem Zustand schlenkernder Auflösung
daher. Aber was eigentlich «Gehen» sein kann, in sich selbst
und ohne Bezug auf ein Ziel, welche geistigen Chancen
in einem in Atmung, Haltung und Rhythmus vollendeten
Gehen liegen, wissen wir nicht. Wir haben es niemals gelernt, niemals das Gehen als solches «geübt». Das gleiche
gilt für alle anderen «einfachen Bewegungen» des Alltags.
Und doch liegen von Kind auf Erfahrungen dazu vor, welche «Glücksmöglichkeiten» in automatisierten Bewegungen als solchen liegen. Ein Beispiel: Ein Kind fängt an, mit

Bauklötzchen etwas zu bauen, nimmt einen Stein von links nach rechts, noch einen und so fort, und mit einem Male vergißt es den Zweck und wiegt sich in der rhythmischen Bewegung von links nach rechts, immerzu. Der Rhythmus selber ist so schön! Diese rhythmisierte Bewegung bleibt auch der Reiz späterer Spiele, besonders der Mädchen. Aber auch als Erwachsene wissen wir, wie lange eine rhythmisierte Bewegung nicht nur wiederholt, sondern auch genossen werden kann. Der Bauer beim Mähen, die Arbeiter auf dem Bahngeleise arbeiten «rhythmisch», und es ist auch ein Ergebnis der Arbeitspsychologie, daß keineswegs die «kürzeste» Bewegung die ergiebigste ist, sondern daß es die in einer Bewegungsmelodie aufgegangene und zu einer rhythmisierten Schwingungsformel verwandelte Arbeitsbewegung ist, die nicht nur den Arbeitsertrag steigert, sondern auch die Arbeitsfrische bewahrt, die Stimmung hebt und den Menschen nicht so verbraucht. Diese bekannte, aber in der Arbeitserziehung und ⸗überwachung nie genügend angewandte Erkenntnis weist auf eine Möglichkeit der «Überwindung des Mechanischen» hin: Ein technisch beherrschter, in der Wiederholung mechanisch gewordener Vorgang wird durch Rhythmisierung in etwas Organisches verwandelt. Doch nicht immer ist Rhythmisierung möglich, und überdies bedeutet der durch sie vermittelte Genuß nur die unterste, primitivste Stufe der Erhebung über das Mechanische. Im Organischwerden, im «Einfleischen» eines mechanisierten Vorgangs liegen noch weitere geistige Möglichkeiten beschlossen. Umgekehrt birgt auch die geistige Verarbeitung ursprünglich organischer Vorgänge, wie des Atmens oder Gehens, Entfaltungsmöglichkeiten zu Haltungen, die sich dann auch dort bewähren, wo der Mensch einen ihm von außen aufgezwungenen mechanischen Vorgang zu bewältigen hat oder aber wo es sich um technisch kompliziertere Vorgänge handelt.

Wer irgendeine Kunst lernt, kann aus der vollkommenen Beherrschung des Technischen einen Gewinn ziehen, der weit über die besondere Leistung hinausweist, die diese Kunst zeitigt. Mag es sich um irgendein Handwerk handeln oder um eine Turnübung, um die «Kunst» des Schreibmaschinenschreibens oder um die technische Bewältigung eines Musikinstrumentes, um die Rolle eines Schauspielers oder um die hundertfach wiederholte Szene eines Films – es ist ein Irrtum, zu glauben, daß die Beglückung, die in der «Aus-Übung» liegt, allein an dem hängt, was dabei «herauskommt». Wird eine Technik so vollkommen beherrscht, daß die Bewegung keiner Aufmerksamkeit mehr bedarf, dann erfährt der Mensch, aus aller Spannung entlassen, eine in ichloser Hingegebenheit gewahrte Schwingungsordnung von Leib und Seele, die nicht nur die Leistung aufblühen läßt wie eine Blume, sondern ihm ein Erlebnis vermittelt, das ihn noch weit über den Augenblick hinaus auf eine Stufe des Geistes erhebt, die nicht nur das Abstumpfende des Mechanischen überwindet, sondern einen ganz eigenen Innenwert hat.

Das ist die Erkenntnis, die sich der Osten seit langem nutzbar gemacht hat. Sowohl die ins Bewußtsein gehobene Technik der organischen Urbewegungen, wie Atem, Gehen und Sprechen, als auch die in ihrem Eigenwert erfaßte Technik aller Künste (Schreiben, Malen, Singen, Tanzen, Töpfern usw.) und aller überlieferten Kampfspiele (Fechten, Ringen, Bogenschießen) wird dort im Bemühen um die Leistung nicht nur als deren Voraussetzung erlernt, sondern die jeweilige Technik wird als solche in ihrem Eigenwert als «Übung» d. h. als «Exerzitium», erschlossen, und zwar in einem Maße, das den Menschen eine völlig andere Einstellung nicht nur zum Mechanischen innerhalb der betreffenden Leistung, sondern zu allen mechanischen Vorgängen des Alltags und des Arbeitslebens vermittelt.

Sowenig wir irgendeine der östlichen «Übungen» direkt zu übernehmen vermögen, so liegt darin doch ein bedeutsamer Hinweis: In jedem bis zur Mechanisierung gemeisterten, d.h. wirklich «eingefleischten» technischen Ablauf erwacht sozusagen eine eigene «Seele», die aber als solche erfahren und gepflegt sein will. Wo das in einem Leistungszusammenhang notwendige Gefüge körperlicher und geistiger Haltungen in einer Weise eingespielt ist, daß jede Willensspannung wegfällt, kann in der ichlosen Hingegebenheit an den mechanisch ablaufenden Vorgang ein eignes Gefühl der inneren Freiheit, Schwerelosigkeit und Erdentbundenheit erstehen, darin unser übernatürliches «Wesen» aufklingt. Die Tiefe und Nachhaltigkeit dieses Gefühls hängt davon ab, daß die hier vorliegende Erfahrung des Wesens in ihrer Bedeutung erkannt und seine Voraussetzung als solche gepflegt wird. Es kommt also darauf an, daß der Mensch, der beim Meistern irgendeiner Technik wirklich zum beglückenden Erlebnis der in der meisterlichen Verfassung gewährleisteten totalen leib-seelischen Schwingungsordnung gelangt, sich dessen bewußt wird, daß in dem damit verbundenen Gefühl tief innerlichster Beglückung sein eigentliches metaphysisches Wesen anklingt und im Freiwerden dieses Wesens ein Sinn liegt, der den sichtbaren Sinn seiner mechanisierten Leistung weit übergreift. Dann bewährt sich die in der Vollendung einer Technik gewonnene Haltung, wenn sie weiter «geübt» wird, nicht nur in der immer vollkommener werdenden Leistung, sondern zugleich in einer Steigerung und Vertiefung des gesamten Lebensgefühls und in einer fortschreitenden inneren Reifung des Menschen.

Erst wo die «Große Erfahrung» des Wesens nicht mehr nur das glückhafte Geschenk eines flüchtigen Augenblicks, sondern auch in der *inneren* Vollendung einer äußeren Technik verankert ist, wird diese zu einer treuen Quelle einer seelisch-geistigen Kraft und Enthobenheit, die von übersinnlicher Natur und religiöser Bedeutung ist. Wo das aber geschieht, bewahrheitet sich tatsächlich jener seltsame Satz des alten Japaners, daß das Einfache – und so auch das wieder ganz einfach Gewordene – und Wiederholbare eine religiöse Relevanz bekommen kann. Diesen Möglichkeiten, in denen sich eine Überwindung des Mechanischen auf besonderen Wegen ankündigt, auf den verschiedensten Gebieten technischen Könnens, in der Arbeit sowohl wie im Sport, nachzugehen – darin liegt eine noch kaum in Angriff genommene, aber vielversprechende Aufgabe einer gegenwartsbezogenen und zukunftshaltigen Psychagogik.*

* Vergl. E. Herrigel: «Zen und die Kunst des Bogenschießens»; Dürckheim: «Japan und die Kultur der Stille». O.W. Barth-Verlag

VOM TRENNENDEN ICH
UND VERBINDENDEN WESEN

Was ist die Kraft, die immer aufs neue die Menschen einander entfremdet, sie in Hader und Streit wirft und zur Vernichtung antreibt? Was ist im Menschen das dunkle Prinzip, das immer stärker zu sein scheint als alles Licht der Vernunft? Was ist es, das die Menschen so gegeneinander auf-
bringt, die Ehen entzweit, innerhalb der Völker den un-
sachlichen Zank der Parteien entfacht und den Kampf um
die Macht zwischen den Völkern nie auf hören läßt, obwohl
die Vernunft sagt, daß genug Platz für alle da sei? Es ist immer das gleiche: das *kleine* Ich, das nichts sieht als sich selbst,
nichts sucht als sein endliches Leben, nichts will als seinen
gesicherten Bestand, nichts liebt als seine Lust und, allein
um sich selber besorgt, im anderen nur die Gefahr für das
eigene Leben, nie aber des anderen Notwendigkeit und
Lebensrecht wahrnimmt.

Das kleine Ich lebt keineswegs nur im einzelnen Menschen.
Es lebt nicht weniger in allen Verbänden: als das kleine Ich
der Familie, der Sippen, der Stände und Klassen, der Parteien und Organisationen, der Völker und Rassen. Wo immer aber das kleine Gruppen-Ich vorherrscht, hat die Wirksamkeit aller höheren Ideen keine verwandelnde Kraft;
denn sie haben ihre unverrückbare Grenze am Willen zur
schrankenlosen Entfaltung, Geltung und Befriedigung im
Endlichen und an der Sorge und Angst um Sicherheit und
Bestand.

*

Unabdingbar ist der Mensch zeit seines Lebens naturhaft seiner Erde verbunden, als lebendiger Leib und Glied irdischer Lebens- und Schicksalsgemeinschaft. Nur insofern er seine natürlichen Wurzeln nie außer acht läßt und auch sein irdisches Schicksal tapfer bejaht, ist er fähig, der Welt der Ideen und dem Reiche der Werte lebensgemäß und fruchtbar zu dienen. So ist auch ein kräftiges Ich, das die natürlichen Lebensgrundlagen wahrnimmt und schützt, die Voraussetzung dafür, daß sich im Reiche des Menschen das Höhere sinnennah, wurzelecht und wahrhaft lebendig entfalte. Die Frage ist nur, ob das Ich im Reiche des Menschen *herrscht* oder *dient*. Nur als Diener hat es sein Recht. Wo es herrscht, erzeugt es Widerstand und Zwiespalt. So gewiß aber der vom Ich beherrschte Mensch, der vom Bangen um sein *endliches Dasein* wie gebannt immerzu nach dem gefährdenden Feind ausschaut, diesen erst wirklich schafft, so gewiß bildet allein die Verankerung des Menschen im *unendlichen Sein,* die den Herrschaftsanspruch des Ichs auflöst und es zum dienenden Werkzeug verwandelt, die Voraussetzung für eine zugleich schöpferische und erlösende Ordnung der Welt, die dem wahren, dem aufsteigenden und verbindenden und nicht dem in seiner Beschränktheit trennenden und vernichtenden Leben dient.

*

Es gibt Menschen, in deren Umkreis kein Streit ist. Warum? Weil ihr Leben nicht mehr um die Sicherheit und Lust ihres Ichs kreist, sondern um ein höheres Prinzip. Dieses Höhere ist nicht schon die Kunst, die Wissenschaft oder der Staat. Auch ichlos ihrer Kunst, ihrer Wissenschaft oder ihrem Amt dienende Menschen können außerhalb ihres Dienstes unerträgliche, streitsüchtige und dissoziierende Menschen sein, eigensüchtig und ichhaft. Menschen, in deren Umkreis die Wogen sich glätten und, ganz ohne ihr

Zutun, verbindende Kräfte aufblühen, dienen, ob sie sich nur ihrem engsten Lebenskreis widmen oder höheren Zielen nachstreben, im Grunde einem ganz anderen Leben. In seinem Zeichen gilt ihnen das Heil ihrer Seele und die göttliche Ordnung auf Erden mehr als das lustvolle Stillen ihrer natürlichen Triebe oder auch als das glückhafte Enthobensein im Reiche des Geistes. Ihr kleines Leben ist ihnen in jeder Form immer nur Weg in ein größeres Leben. Auf diesem Wege haben sie die Schmerzscheu verloren, und der vom Menschen immer aufs neue verlangte Tod des kleinen Ichs hat, wie der leibhaftige Tod, der einmal unseren Erdenwandel beendet, für sie seinen Stachel verloren. Erst diese *Bereitschaft zum Tode* ist der Boden, auf dem sich das *wahre Leben* entfaltet. Das Leben, in dessen Zeichen die Menschen sich von *Ich zu Ich verkennen* und hassen, hört auf, und das Leben, in dem sie sich von *Wesen zu Wesen erkennen* und lieben, hebt an.

*

Bereitschaft zum Tode findet sich in der Welt in dreifacher Form: als Ausdruck letzter Zugehörigkeit zu einer Gemeinschaft, in der Hingabe an eine Idee und in der Ergriffenheit vom Unendlichen in unserem Wesen.

Von der Todesbereitschaft der Mutter für ihr eigenes Kind bis hin zur Todesbereitschaft der zum Kampf für die Existenz ihres Volkes einstehenden Menschen findet sich die Bereitschaft zum Opfer des eigenen Lebens als Ausdruck letzter Verbundenheit mit und in einem lebendigen Ganzen, dessen Weiterleben schwerer wiegt als das eigene Leben. Was im Kriege zum Opfer des eigenen Lebens befähigt, kann im Frieden schon die freiwillige Unterordnung des Ichs unter die Lebensnotwendigkeiten der geliebten Gemeinschaft herbeiführen.

Auch die Hingabe an Ideen kann Menschen in einer Weise verpflichten, die sie zum Sterben bereit macht. Um welche

Idee es sich auch handle, der Menschen sich in Todesbe,
reitschaft verschreiben, solange sie mit ihr nur ein *Endliches*
meinen – ihre irdische Lebensgemeinschaft oder den einzel,
nen nur um der Entfaltung oder Bewahrung in der Endlich,
keit willen –, sind sie Produkte oder Werkzeuge des Ichs, sei
es eines sich in Machthabern oder Staaten verkörpernden
Kollektiv,Ichs oder des letztlich gemeinschaftswidrigen,
egoistischen Einzel,Ichs. Wo das Subjekt der Endlichkeit,
das in sich selber befangene und immer nur um seinen Be,
stand in der Welt bangende Ich herrscht, bringt jede Idee
und jede Gemeinschaft letztlich sich selbst und dem anderen
nicht Einheit, sondern Zwiespalt, nicht Leben, sondern Tod.
So kann auch letzte Hingabe an die Gemeinschaft oder an
eine Idee des Teufels sein, obwohl der Mensch ihr sein Le,
ben aufopfert. Sie mündet im Unheil, wenn die Gemein,
schaft oder eine Idee nur um ihrer endlichen Bedeutung wil,
len wahrgenommen oder gewollt wird. Auch die Idee der
Freiheit wird des Teufels, wo sie nur das schrankenlose
Sich,ausleben,Können im Endlichen meint.

*

Erst wo die Idee der Gemeinschaft – sei es die Ehe oder der
Staat – oder die Idee des einzelnen und seiner Freiheit im
Zeichen des Unendlichen stehen, wird auch die Endlich,
keit, in der sie wachsen und aufgehen, verwandelt, und es
öffnen sich in ihr die Wege zum Frieden. *Frieden im Endli,
chen* gibt es nur, wo die in der Endlichkeit unversöhnliche
Gegensätzlichkeit der Wünsche und Triebe aus der Bezo,
genheit auf das Unendliche überwunden oder entmachtet
wird. Erst wo im Menschen über sein kleines Ich hinaus
das eigentliche Subjekt aufgeht, das, vom Unendlichen er,
griffen, seinem verpflichtenden Ruf folgt und ihm verant,
wortlich handelt und lebt, zieht Frieden in die Welt ein.
Wo menschliches Sinnen und Trachten nicht über die

Grenzen des Endlichen hinausreicht, wirkt jeder Einsatz, auch der des Lebens, zum Unheil. Erst wenn im Menschen an Stelle des auf die Endlichkeit bezogenen Ichs das im Unendlichen verankerte und ihm verantwortliche Subjekt aufgeht, wirkt Einsatz Segen, und auch das endliche Leben wird zu einer Stätte des Heils. Doch da erhebt sich immer wieder die Frage, ob es für den Menschen überhaupt die Möglichkeit gibt, sich als ein Subjekt des Unendlichen zu bewähren, ob er überhaupt ein solches Subjekt *sein* kann. Die Antwort darauf lautet: Er *kann* es nicht nur sein, sondern er *ist* es im *Grunde*. Im «Grunde», das heißt im Grunde seines eigenen Wesens. Und der Mensch kann sich und anderen nur dann zum Heil werden, wenn er in sich und im anderen das *Wesen* wahrnimmt.

Das Wort «*Wesen*» meint nichts Vages, sondern etwas sehr Bestimmtes, nämlich den *innersten Kern unserer Existenz*, in dem wir teilhaben an der Wirklichkeit jenes größeren göttlichen Lebens, das unser kleines, zwischen Geburt und Tod ablaufendes Leben von Grund auf bestimmt und übergreift.

In seinem Wesen ist der Mensch eine Weise des *Seins,* wobei mit «Sein» im Unterschiede zu dem in seinem raumzeitlichen Dasein begrenzten endlichen Leben das *nicht* endliche, aber alles endliche Leben durchdringende *größere Leben* gemeint ist. In ihm sind wir inmitten unseres endlichen Daseins doch einem Unendlichen zugehörig und so *in* unserer Endlichkeit zugleich aus aller Endlichkeit herausgehoben und von ihr letzten Endes unabhängig. «Sein» meint die uns im Innersten ausmachende überzeitliche Wirklichkeit unserer Existenz, die zwar durch unsere Endlichkeit hindurchscheint und in ihr aufgeht, aber selber über Tod *und* Leben unseres endlichen Daseins erhaben ist. Dieses Sein in unserem endlichen Dasein als das «Große Leben» in unserem kleinen Leben zu *offenbaren* ist der *Sinn* unseres Daseins.

Das unendliche « Sein » ist kein Produkt einer metaphysischen Spekulation noch nur ein Gegenstand frommen Glaubens, sondern Inhalt lebendigster Erfahrung, die ernst zu nehmen freilich immer wieder vom Subjekt des Daseins, dem Ich und seinem Verstand, verhindert wird.

*

Das *Sein* verkörpert sich in jedem Menschen in besonderer Weise. Diese besondere Weise, in der in einem Menschen das nicht endliche Leben verkörpert ist, macht sein *individuelles Wesen*, seine Individualität aus. Der Sinn des in Raum und Zeit sich entwickelnden *persönlichen Selbstes* ist es, fortschreitend das unendliche Wesen in der ihm eigenen individuellen Weise in der Endlichkeit seines Daseins offenbar werden zu lassen.

Es ist das Schicksal des Menschen, daß das mit der Geburt anhebende und in der Zeit sich entwickelnde, von den raumzeitlichen Mächten bedrohte und sich gegen sie wehrende persönliche *Selbst* zunächst keineswegs im Zeichen seines unendlichen Wesens steht. Der Mensch identifiziert sich in seinem Selbstgefühl zunächst vornehmlich mit seinem Leibe und dem im Ich zentrierten Gefüge der Kräfte und Triebe, die die Entfaltung und Erhaltung des leibhaftigen Lebens ermöglichen. Im Kampf um seine Entfaltung und seinen Bestand in der Welt steht er zunächst ganz im Zeichen des kleinen *Ichs*, d. h. eben jenes Prinzips, in dessen Bann der Mensch gar nichts anderes sieht und will als die Sicherung eines in seiner Leibhaftigkeit lustvollen Lebens. Unser Leben und Fühlen im psychophysischen Selbst ist nicht nur bedingt durch die uns angeborene *Konstitution,* sondern auch entscheidend mitbestimmt von der *Geschichte* unseres Lebens, von der Biographie. Aber der Mensch, dividiert durch Konstitution und Biographie, geht nicht ohne Rest auf; denn sein « Wesen » ist weder konstitutionell noch

biographisch, d.h. überhaupt nicht «raumzeitlich» be,
dingt, sondern überraumzeitlicher Natur. In unserem «We,
sen» sind wir nicht Produkte des Daseins, sondern eine
Weise des übernatürlichen Seins, die sich in unserem Da,
sein, d.h. in der raumzeitlichen Wirklichkeit unseres Ich,
Selbstes, auch gegen dessen natürliche Wünsche und Triebe
manifestieren will. So ist es die Bestimmung und Aufgabe
des Menschen, aus seinem Ich,gebundenen Pseudoselbst her,
aus, und zu seinem *eigentlichen* Selbst hinzufinden, was be,
deutet: in fortschreitender Wandlung dasjenige Selbst zu
entwickeln, das seinem *Wesen* gemäß, bzw. dem in seinem
Wesen liegenden und drängenden *Auftrag* gewachsen ist.
Das «wahre Selbst» ist erst das, in dem das Wesen so auf,
gegangen ist, daß der Mensch sich von *ihm* her als *Subjekt*
fühlt und also den Glanz seines Erlebens, den Schwerpunkt
seines Selbstgefühls und den Sinn seines Handelns in der
endlichen Welt vom Nichtendlichen in ihm gewinnt und
auch den eigentlichen Sinn seiner Selbstentfaltung und
Weltgestaltung im *Dienst* am *Unendlichen* erblickt.

*

Die Menschen sind verschieden auf Grund ihrer leibseeli,
schen Beschaffenheit und ihrer nach Tradition, Erziehung
und raumzeitlichem Schicksal verschiedenen Lebensform.
Sie verstehen einander zwar, trotz solcher Verschiedenhei,
ten, wo sie einander psycho,physisch gleichen oder ergänzen
oder insofern sie zur gleichen Lebensgemeinschaft gehören.
Aber dieses «weltliche» Verstehen hat seine Grenzen. So
verstehen sich verschiedene Völker nur in sehr begrenztem
Maße. Aber härter noch als die Grenzen der Erkenntnis ste,
hen einem friedlichen Zusammenleben die Grenzen des gu,
ten Willens im Wege. Im Kampf ums Dasein und im Stre,
ben nach raumzeitlicher Entfaltung kreuzen sich die Wege,
und wo einer dem andern im Wege steht, *will* er ihn nicht

mehr verstehen. Der Wille aber, der das Sich‚Verstehen der Menschen behindert, hat seinen Ursprung niemals im *Wesen,* sondern im raumzeitlich bedingten und bezogenen, sei es individuellen oder kollektiven *Ich.* Wo immer Menschen einander im *Wesen* wahr‚nehmen, werden die Gegensätze, die aus dem nur raumzeitlich bezogenen Lebenswillen kommen, entmachtet, denn eine tiefere Gemeinsamkeit wird fühlbar und wirksam – die Gemeinschaft *aller im Wesen.*

*

Im Wesen sind, so lehren die Weisen, Eingeweihten und Gotteskünder aller Zeiten und Zonen, alle Menschen *eins.* Das bedeutet nicht, daß sie «gleich» sind, sondern eins in der gemeinsamen Teilhabe am göttlichen *Einen.* Und die «Gemeinschaft im Wesen» bedeutet nichts anderes als diese gemeinsame Teilhabe am göttlichen Einen. Kraft dieser gleichen Teilhabe am Einen sind auch die bleibenden Ver‚schiedenheiten der Menschen aus der Individualität ihres Wesens niemals trennend, denn sie sind nur individuell verschiedene Weisen, das göttliche *Eine,* das sich in allen be‚kundet und manifestieren will, zu spiegeln und zu verneh‚men und bedeuten nur verschiedene *Wege* zu dem *einen Ziel:* In diesem raumzeitlichen Dasein das *Sein,* in diesem kleinen Leben das in uns verkörperte Große Leben, im Endlichen das Unendliche, im Irdischen das Göttliche zu offenbaren. Auf diesem Wege sind wir vom Ursprung an Brüder und Weggenossen. Auf dem Grunde ursprünglicher Gemein‚samkeit im Wesen sind die Menschen aller Zeiten und Zo‚nen, aller Völker und Rassen zur Weggemeinschaft be‚stimmt, und nur in dem Maße, als sie dieses begreifen, kann Frieden auf Erden Wirklichkeit werden.
Die Grenzen des Verstehens, die den Menschen auf Grund ihrer endlichen Triebe und Besonderheiten (Rasse, Konsti‚tution, Lebensumstände, Schicksale, Sprache, Tradition

usw.) gesetzt sind, verblassen, sobald sich Menschen im Wesen begegnen. Wohl prägt das Besondere, das einem Menschen kraft seines Wesens eignet, den besonderen Stil all seiner Lebensäußerungen und weist ihm einen besonderen *Weg* seiner seelisch-geistigen Entfaltung. Aber die Verschiedenheiten des inneren Weges, die die Besonderheit des Wesens bekunden, verstellen in Menschen, die zum Wesen hinfanden, niemals die Kraft, die die Einheit aller im Wesen erweist.

Wo immer das Wesen aufging, sind die Menschen einander in einer Liebe verbunden, die das Verschiedene als *Fülle* empfindet und das Trennende zwischen ihnen entmachtet. Die *Liebe,* die aus dem nicht endlichen Wesen aufsteigt, ist der *Ausdruck* jener wirkenden Einheit im Grunde, die das an der Oberfläche des Daseins Getrennte einander zugeneigt sein läßt. Wo immer Menschen aus dem Wesen heraus lebten und wirkten, hatte ihr Werk Bestand, und sie verstehen einander in diesem Werk über Zeiten und Zonen hinweg. Die Wahrheit eines *Laotse* hat an ihrer Wahrheit nie auch nur einen Deut eingebüßt und war allen Menschen seither verständlich, genau in dem Maße, als sie zum Wesen hinfanden. Und in dem Maße, als Menschen einander im Wesen wahrzunehmen vermochten, war auch der Streit um den Lebensraum begrenzt durch die Achtung, die der eine für des anderen Wesen bewahrte, und war letztlich nie ausweglos. Denn so gewiß die Menschen vom Wesen her eins sind, so gewiß erweist sich diese «Einheit im Sein» im Dasein als Gefühl ursprünglicher Zueinandergehörigkeit. Und die Liebe untereinander, die der Ausdruck ist der Einheit im Wesen, findet auch in der Welt immer Wege, die Einheit des Grundes sichtbar zu machen.

Das *Leiden* in und an dieser Welt hat den Sinn, den Menschen von der Herrschaft des *Ichs* zu läutern und bereit zu machen zur Erfahrung des *Wesens.* Nur Menschen, die das

Leiden noch nicht über die Grenze ihres kleinen Ich-Selbstes geführt hat, meinen, wenn man ihnen vom Wesen
spricht, es handle sich um das Produkt einer frommen
Phantasie oder ein tröstliches Traumgebilde, an das man
glauben kann oder nicht. In Wahrheit aber ist die Wirklichkeit, über die der im Ich befangene Mensch nicht hin-
aussieht, der *Wahn,* der wie ein Nebelgespinst in der Sonne
vergeht, sobald im Durchbrechen der Ichgrenze das Wesen
aufgeht. Dann auf einmal erweist es sich, daß man im Ich-
Selbst, das nur auf seine raumzeitliche Entfaltung, Lust
und Erhaltung bedacht ist, einer Wirklichkeitsvorstellung
verfallen war, die aus der Angst vor dem Tode und dem
Kampf gegen das Vergängliche herstammt, also das win-
zige Leben zwischen Geburt und Tod zum Maßstab der
Wahrheit gemacht hat. Zum «Großen Leben» jedoch, an
dem wir im Wesen teilhaben, gehören Tod und Vergänglichkeit des kleinen Lebens ebenso wie seine Geburt und
sein zeitweiliger Bestand.   *

Es atmet das größere Leben zwischen zwei Polen: der *Entfaltung* der Form, die ihre Vollendung sucht, und ihrer *Ein-
faltung* in das alles übergreifende Ganze, das sie wieder erlöst.
Und so erfährt der Mensch, der durch sein im Irdischen befangenes Selbst hindurchstößt, die *Wahrheit* des *Wesens* als
die Wirklichkeit eines Weges, der in unendlicher Wandlung durch ein ewiges Stirb und Werde hindurchführt,
und er erkennt, daß der Wille zur endlichen Dauer wie die
Angst vor dem Vergänglichen den großen Irrtum spiegelt –
der freilich verständlich ist, solange das Ich, das nur den gesicherten *Stand* sucht, das Erkennen und Handeln bestimmt.
Wer aber nur einmal das Leiden unter den Ängsten des Ichs
im Durchbruch zum Wesen überwand, *erfährt* jene Teilhabe an einer größeren Wirklichkeit, in deren durchdrin-
gendem und verwandelndem Licht die verdunkelnden

Wände, die den im Ich Befangenen vom anderen trennen, nichts Letztes sind.

*

Der von seinem Wesen Ergriffene erfährt die raumzeitliche Wirklichkeit in ihm und außer ihm in besonderer Weise. Er nimmt das Endliche «wahr» als Erscheinungsform eines nicht endlichen Lebens, dem sie immer nur in einem gewissen Ausmaß entspricht. Er erkennt vor allem, daß alles Wesenswidrige in den Lebensformen und Ordnungen des Menschen seine Wurzeln im Ich hat. Er weiß: *Das Ich ist der Widersacher des Wesens. Das Wesen ist die Überwindung des Ichs.* Das Ich, das nur sein Leben will, bringt den Tod. Das Wesen, das immer den Ichtod fordert, bringt das Leben. Das große Leben, das den Tod des kleinen mit einschließt, führt übers Ich hinaus. Das kleine Leben des Ichs, das den Tod ausschließen möchte, verhindert das Leben aus dem Wesen. Es verstellt seine schöpferische und erlösende Kraft. Alles Sinnen und Trachten des Menschen, das den Eigenwillen des Ichs nicht entmachtet, mündet in Einsamkeit, Sinnlosigkeit und Vernichtung. Alles Sinnen und Trachten des Menschen, das der Läuterung vom Ich dient und dem Wesen in uns und um uns Raum schafft, öffnet das Tor zu dem Weg, der uns Geborgenheit, Sinnhaftigkeit und ein schöpferisches Leben verheißt.

ZEICHEN MENSCHLICHER UNREIFE

Die Unreife der Erwachsenen, das ist das Krebsübel eines Menschentums, das im Schatten seiner großen Gaben zur Meisterung der äußeren Welt seinen Weg nach innen vergaß. So ist es gerade in einer Zeit, die um Erneuerung ringt, notwendig, sich auf das zu besinnen, was Reife bedeutet und was die Zeichen der Unreife sind, die unser Leben vergiftet.

Von menschlicher Reife spricht man in dreierlei Sinn: in einem biologischen, einem geistigen und einem seelischen Sinn.

Reife im biologischen Sinn meint zunächst nur die geschlechtliche Reife. Der junge Mensch gewinnt sie in der Pubertät, die man auch die «Zeit der ersten Reife» nennt. Nur diese Reife wächst dem Menschen von allein zu, ohne sein Zutun, wie dem Tier, in einem biologischen Prozeß, mit dessen Abschluß er fähig ist zu zeugen und zu empfangen. D.h. er wird fähig zur leiblichen Einswerdung mit dem anderen und die Frucht dieser Einswerdung ist das Kind.

Das Reifen im geschlechtlichen Sinn zeigt etwas, das für jede Reife, also auch die geistige und seelische Reife zutrifft, daß sie nämlich eine Entwicklung voraussetzt, in der Einswerdung mit einem anderen gipfelt und als Resultat eine Frucht hervorbringt. Die Frucht im Biologischen ist das Kind, im Geistigen das gültige Werk, im Seelischen der verwandelte Mensch.

Immer ist die Voraussetzung fruchtbringender Reife eine Fähigkeit zur Einswerdung mit einem anderen, d.h. das

Vermögen, Grenzschranken, in denen man sich sonst wahrt, fallen zu lassen. Man muß aus sich herausgehen und in das andere eingehen können, bzw. sich öffnen und das andere wirklich aufnehmen können. Wer aber vermag das, dieses wirkliche Von-sich-ab-sehen und Aus-sich-heraus-gehen, dieses Sich-dem-anderen öffnen und ihn wirklich aufnehmen, so daß man ganz eins mit ihm wird und von ihm her zu denken, zu fühlen und zu handeln vermag?

Geben wir ein Beispiel aus dem Bereiche geistiger Reife. Wir sprechen etwa von einem reifen Künstler und so auch beispielsweise vom reifen Spiel eines Geigers. Man denke etwa an den unvergeßlichen Adolf Busch oder an Edwin Fischer. Wo immer wir einem solchen Künstler lauschen, stehen wir unter dem Eindruck seiner völligen Selbstverges-senheit im Spiel. Meister denken nicht mehr an die Wir-kung, die sie erzielen, und stehen sich auch selbst nicht mehr im Wege. Sie sind, wie der Geiger in seinem Spiel, so in ihrer Sache verloren, daß das Werk am Ende nicht mehr als Resultat eines wollenden Ichs, sondern als reife Frucht aus der totalen Verschmelzung von Mensch und Sache von selber schlackenrein abfällt. Diese Vollendung wird aber niemandem geschenkt. Zu ihr hin führt nur die durch Jahre hindurch gepflegte treue und selbstlose Übung, deren Sinn vielmehr als die Beherrschung einer sachlichen Technik die Läuterung vom ehrgeizigen Ich ist.

Was sind nun die Zeichen der Unreife in seelischer und geistiger Hinsicht. Was die Zeichen der Reife?

Die erste Tugend *geistiger* Reife ist eine *Sachlichkeit,* die unbe-stechlich ist. In seinem Urteil reif ist der Mensch, der von kei-ner Subjektivität mehr getrübt, die Sache selber rein spiegelt. Der geistig Reife ist sowohl frei von den Projektionen seiner kleinen Ängste und Wünsche, die ihm die Wahrheit der Dinge verhüllen, wie auch frei von der Starrheit eines ein-mal gewonnenen Standpunktes. Typisch für geistige Unreife ist also der Satz, mit dem so viele ihre gewichtige Rede beginnen: «Ich stehe schon immer auf dem Standpunkt.» Ein berühmter Pädagoge hat einmal gesagt: «Ein Mensch mit einem ewigen Standpunkt hat einen Gesichtskreis mit dem Radius Null». Zur geistigen Reife gehört die Fähigkeit immer hinzuzulernen.

Der geistig Unreife ermangelt auch des nötigen Abstandes! Ungeduldig, voller Eigenwillen, triebhaft, eitel und ängstlich ist er in einer rein subjektiven Weise mit den Dingen verstrickt und daher unfähig, die Sache selbst wahrzunehmen und als solche sprechen zu lassen.

Die zweite unter den geistigen Tugenden ist eine eindeutige Bestimmtheit durch ein Gefüge von objektiven *Werten!* Der geistig Unreife hat keine innere Linie. So ist er sprunghaft in seinen Zielsetzungen, leicht beeinflußbar und immer bereit, einem neuen Herrn zu dienen. Er hat etwas Schweifendes, Vages und gleicht in seinem Einsatz und seinen Begeisterungen einem Strohfeuer, das ebenso schnell wieder verlischt als es aufflammt. Es fehlt ihm die Durchformtheit durch ein höheres Prinzip und so auch der zuverlässige Ernst, der vor Entgleisungen schützt.

Als drittes kommt beim geistig Gereiften hinzu die *Bezeugung der Tiefe.* Geistig unreif ist der Mensch wie das Werk, der sich immer an der Oberfläche der Dinge hält. Die Erkenntnisse des Unreifen sind flach, seine Meinungen platt. Eine geistige Leistung ist umso reifer als sie Tiefe hat, d. h. hintergründig ist. Das wahrhaft reife Werk, das Meisterwerk ist durchsichtig zur Transzendenz hin. Und so reicht auch der geistig Gereifte immer über das Gewöhnliche kleinmenschlich Natürliche hinaus. In der geistigen Reife überschreitet der Mensch die Grenzen raum-zeitlicher Beschränktheit und ein Überzeitliches leuchtet auf. Möglich aber wird solches erst, wo der menschliche Geist sein kleines Ich überwand, das gekettet an seinen Willen und seinen

Verstand sich im Umkreis des Begreifbaren hält und den Weg zum Wesen der Dinge verstellt.

So hat die geistige Reife immer auch eine seelische Entwicklung zur Voraussetzung, eine innere Verwandlung, eine Selbsterweiterung, d. h. eine Erweiterung in ein tieferes Selbst, das uns freimacht von der Herrschaft des kleinen Ichs. Solange der Mensch in seinem Bann steht, ist er nur darauf aus, sich selber zu wahren. Er ist besessen vom Streben nach Sicherheit, Geltung und Macht. Den Sieg über dieses Ich gewinnt nur, wer seine Empfindlichkeit und Schmerzscheu überwindet.

Was uns beim *seelisch* Unreifen vor allem ins Auge springt, ist seine ewige Verletzbarkeit. Er bedarf der dauernden Bestätigung und verträgt keine Kritik. Er ist immer auf dem Sprung hochzugehen und sich zu rechtfertigen. Es fehlt ihm die innere Standfestigkeit. Und warum? Weil er nicht in seiner wahren Mitte ruht, nicht hingefunden hat oder ja gesagt hat zum überzeitlichen Kern seines Selbstes. So fehlt ihm das Grundzeichen seelischer Reife: die große *Gelassenheit*. Gelassen ist, wer sein kleines Ich gelassen hat. Der Gelassene nimmt nichts mehr persönlich. Was den Ungereiften «umwirft», ein schwerer Verlust, eine Enttäuschung, eine grobe Ungerechtigkeit, wird ihm zum Anstoß weiterer Verinnerlichung. Echtes Reifen kommt niemals zu Ende. Darum ist das Zeichen des Reifen die immer wache Bereitschaft zu immer neuer Verwandlung.

Das zweite Zeichen innerer Reife ist eine unbeirrbare *Heiterkeit* der Seele. Der seelisch Unreife ist niemals zufrieden, weder mit sich noch mit der Welt – er lebt im Hader mit sich und mit Gott. Und er kann so wenig über sich selber lachen wie über die Widrigkeiten des Lebens. Ihm fehlt der Humor. Und so schwankt er zwischen Auflehnung und Resignation. Der seelisch Gereifte hadert nicht mit dem Leben, denn er entdeckt auch im Unsinn den tieferen Sinn. Er nimmt, was ihm widerfährt, zunächst beherzt hin, und sein stetiges Gemüt gibt ihm die Kraft zur Verwandlung des Daseins aus der Erfahrung eines tieferen Seins.

Das dritte Zeichen seelischer Reife aber ist eine unbeirrbare *Güte*. Es gibt Menschen, die tüchtig sind und voll geistigen Ernstes. Aber es fehlt ihnen die Liebe. Im Gereiften aber lebt die Einheit der Wesen im Sein. Und so ist seine liebende Zuwendung nicht abhängig von Bestätigung oder Sympathie. Er strömt einfach Liebe aus, weil er vom Wesen her nicht anders kann.

AUFGANG DES WESENS
IN DER ZEIT DER ERSTEN REIFE

Zeit der ersten Reife – erster Aufgang des Wesens! Der Leib wird reif zum Empfangen und Zeugen, zum ersten Male wird das Ich sich selber zur Frage, der Geist erhebt sich zum ersten Flug ins Unendliche, das *Wesen* – wacht auf. Das Wesen? Es ist das Große Leben, das zum ersten Male die Schranken des Kleinen Lebens durchbricht und den Menschen in einer ihm bislang unbekannten Sprache, in der Sprache seiner Innerlichkeit auf den Weg seiner Bestimmung ruft.

*

Zeit der ersten Reife – Aufgang eines neuen Sinns der Welt und des eigenen Selbstes! Das Leben ist voll neuer Verheißung. Die Welt ringsum, die Natur, die Menschen und Dinge sind erfüllt von geheimnisvoller Bedeutung, das eigene Selbst seltsam bewegt. Die Welt weitet sich zum All, und aus dem Inneren quellen geheimnisvolle Kräfte, das Herz ist voller Unruhe, der Geist in Bewegung, ein ungewisses Ahnen erfüllt das Gemüt. Eine große Unerfülltheit bricht auf, mit einem Male – und im Erfahren dieser Unerfülltheit liegt es wie ein großes Versprechen. Das Leben scheint wie eingetaucht in ein neues Licht. Das klar Umrissene, Begrenzte, Bestimmte des Daseins hat seine Endgültigkeit verloren. Die Stimmen der Natur, uneingefangene Weisen des quellenden, strömenden, wachsenden, reifenden Lebens flüstern und locken mit Stimmen, die wie von jenseits alles Greifbaren kommen. Das Leben von draußen ruft, man weiß nicht wohin – das Leben von drin nen drängt und treibt, man weiß nicht woher und wozu. Gewiß ist nur eins – das Dasein in seiner gewohnten Wirklichkeit genügt jetzt nicht mehr, steht im Widerspruch zum größer gewordenen Herzen. Die *Sehnsucht* ist da. Der junge Mensch ist gespalten zwischen der bekannt-gewohnten, harten, engen Wirklichkeit des Alltags und der neuen, noch unbekannten, größeren, die mächtig in ihm auf bricht. Was bedeutet das alles?

*

Wenn die Sehnsucht erwacht – geboren aus der Gewalt neuauf brechender Ahnungen und Triebe und dem Widerstand, den die Wirklichkeit der Welt und die Unentfaltetheit des eigenen Selbstes ihrer Erfüllung entgegenstellt – rettet sich der erwachende Mensch aus der ihm nicht mehr genügenden Unmittelbarkeit und ihn verletzenden Alltäglichkeit und Enge durch die Flucht in die Unergründlichkeit der Natur und des eigenen Herzens. Er flieht die Bestimmtheit und Enge des Hauses, sucht das Geheimnis der Wälder, die Weite der Felder und des Himmels, die Unendlichkeit des bestirnten Himmels, das rauschende Meer, das Gurgeln der Quellen, das Plätschern der Bäche, die Stimme der Vögel – –. Den Jüngeren plötzlich überlegen, den Alten noch nicht gewachsen, meidet er das Unverständnis und den Argwohn der Welt der Erwachsenen, sucht die Einsamkeit und die heimliche Zwiesprache mit sich selbst oder dem verstehenden Freunde – und sucht das alles voll heimlicher Erwartung, so als stünde er vor großer Entdeckung und so als müsse er die geheimnisvolle Sprache eines Lebens und Wesens verstehen, das, neu in ihm auf brechend, ihn vor tausend Rätsel stellt und zugleich ein Wunder verheißt – denn alles ist durchwittert von den ungreif baren Trieb- und Anziehungskräften eines großen Unbekannten, der aus dem Unendlichen spricht...

*

In der Zeit der ersten Reife spricht zum ersten Male das *We-sen,* spricht vor allem als unbestimmte Sehnsucht in unend-liche Ferne und grenzenlose Weite.

Das ganze Leben als Welt und als Zukunft hat mit einem Male eine ungeahnte *Weite*. Das Leben lockt, ruft hinaus über die alten Grenzen. Unruhig schlägt das Herz, es weitet sich die Brust unter dem Ansturm sprengender Wallung; sehnsüchtige Melodien durchziehen das Gemüt, und der Wille spannt sich, als vermöchte er das All zu durchdrin-gen. Die nüchterne Wirklichkeit des gewohnten Alltags, die Bekanntheit der Menschen und Dinge, die Regeln und Ordnungen des täglichen Tages sind wie die Mauern eines Gefängnisses, so als seien sie Feinde, die das neu sich entdeckende Selbst in einer Enge halten, mit der es doch «eigentlich» nichts mehr zu tun hat. Und im Widerspruch dieser beklemmenden Enge des alten Daseins zur neuaufge-brochenen Weite eines noch unbekannten Seins dämmert dem Menschen zum erstemal seine Zugehörigkeit zu zwei verschiedenen Reichen. In dem einen muß er sich sichern, bewähren, behaupten – das andere aber verheißt seiner Seele Erfüllung.

*

Das ist das Eigentümliche für die Zeit der ersten Reife, daß die Welt auf einmal wie auseinandergebrochen ist in zwei Welten. Die eine ist die nüchterne, allzubestimmte, geregel-te, geordnete, bekannte und in all dem so enge Welt, ganz unmittelbar greifbar den Sinnen, von anderen vorgeformt, Leistungen fordernd, der Kritik des Verstandes unterwor-fen, und hinter ihr lockt eine ungreifbare andere von unend-licher Weite, unfaßbar, nur dem ahnenden Herzen er-schlossen und doch voll bedeutsamen Sinnes und als die *eigentliche* empfunden.

Wie die Welt ringsum in sich selber gespalten erscheint, so auch fühlt sich der junge Mensch selbst in zwei verschiedene

Hälften zerrissen. Er fühlt sich wie gefangen in der zu engen Hülle des Leibes, beengt in der Nüchternheit eingespielter Formen des Denkens und eingegrenzt in ein Leben, in dem er sich fügen und einordnen muß nach Regeln, an deren Geltungsanspruch er zweifelt. Mit ganz anderem Gewicht fühlt er sich wie gestoßen von Trieben und gezogen von Mächten, die aus einer weit über die gewohnte Welt hinaus-reichenden Wirklichkeit rufen und zugleich von innen her hinausdrängen in unbekannte, das eigentliche Leben erst versprechende Räume. – So sind Welt und Selbst zerrissen zwischen Enge und Weite, und schmerzlich wird dieser Widerspruch in allem empfunden.

*

Es ist die Tragik des jungen Menschen in der Zeit der ersten Reife, das Wesen und seine Wahrheit zu spüren, aber sie noch nicht leben zu dürfen. Vergeblich rennt er an gegen die geregelte Ordnung, vergeblich stößt er sich an der Enge der ihn umgebenden Wände – die *Wirklichkeit des Daseins* fordert ihr Recht. Der Schwung läßt nach, der Glanz wird matter, und der Flug in die Weite scheitert am Lächeln der «Erwachsenen». Sie «kennen» das «Leben», sie «stehen» in der «Wirklichkeit», sie haben die Macht. Die Wirklich-keit, die sie vertreten, ist keine Einbildung, sondern unaus-weichlich *da,* fordernd, zwingend, Grenzen und Ziele be-stimmend. Sie ist die Wirklichkeit der harten Notwendig-keiten dieses Lebens, die gerade jetzt, wo eine andere Wirk-lichkeit dämmerte, unausweichlich an den jungen Men-schen herantreten. Was bleibt ihm anderes übrig, als dies gerade nur geahnte Reich seiner Sehnsucht wieder fallen zu lassen und sich der Welt der «Tatsachen» zu stellen; was bleibt ihm übrig, als danach zu streben, selber zu werden wie die Erwachsenen.

*

Wenn die Zeit der ersten Reife abklingt, die Sehnsucht in die Ferne wieder nachläßt und der junge Mensch, wieder nüchtern geworden, die Ordnungen und Grenzen des Daseins in seinen Willen aufnimmt – was ist dann eigentlich geschehen? Hat ihn die «Wirklichkeit» wieder? Oder ist er überhaupt erstmalig in ihren Kreis eingetreten? In einer Hinsicht wird man dies bejahen. Aber was bedeutet hier «Wirklichkeit»? Nur die des raum-zeitlich beschränkten Daseins! Auf dieses bezogen, ist in der Tat all das, was in der erwachenden Seele anklang, was als Ahnung gefühlt, in der Sehnsucht empfunden und in Protest und Flucht offenbar wurde, «unwirklich». Aber dieser Bezug ist ganz einseitig, denn die Wirklichkeit des Seins und Wesens greift weit über die des Daseins hinaus. Und was in der Sehnsucht der reifenden Jugend anklingt ist in Wahrheit die erste *Erfahrung* des alles Dasein übergreifenden, tragenden, ordnenden und erfüllenden *Seins*.

In dem das junge Gemüt beflügelnden Erlebnis einer unbegreiflichen Weite der Welt und des Lebens, in dieser Erfahrung, die das ganze Gewicht der hinter ihr stehenden Realität im tiefen Leid und Glück dieser Zeit offenbart und im zwar noch ungreifbaren, aber doch so sicheren, drangvoll sehnsüchtigen Wissen um einen weiteren, umfassenderen *Sinn* fühlbar machte – in dieser entscheidenden Erfahrung der Jugend hebt sich zum ersten Male der Schleier, den unser in der Befangenheit des Ichs und seiner Ordnungen verankertes Daseinsbewußtsein über die Wirklichkeit des größeren Lebens legt. In diesem «Aufgehen der Weite», in der Welt und Selbst sich in ihrem endlichen Dasein plötzlich mit der Bedeutsamkeit eines Unendlichen erfüllen, erfährt der Mensch zum ersten Male das «Große Leben», das das Kleine umfängt und durchwaltet, erfährt es im erstmalig gehörten Ruf seines Wesens, erfährt es überhaupt erstmalig als sein eigentliches Wesen und zugleich als das «Wesen der Welt».

Doch diese von der Unendlichkeit des Großen Lebens zeugende Erfahrung einer alles Dasein übergreifenden Weite ist nur eine neben anderen, in denen, nicht weniger deutlich, sich das Große Leben in der Sprache der Seele offenbart. Neben diesem Innewerden als «Weite» und mit ihm unauflöslich verschmolzen ist das Erlebnis einer bisher nie erfahrenen Tiefe.

*

In der Zeit der ersten Reife öffnet sich zum ersten Male das Leben in seiner *Tiefe*. Wie flach und unwesentlich erscheint dem jungen Menschen mit einem Male das alltägliche Dasein! Gräßlich flach und banal die Ziele und Zwecke, um die sich das Leben um ihn im Kreise dreht. Und die Frage taucht auf: Ist das nicht alles nur die Oberfläche eines Lebens, das im Grunde einen tieferen Sinn hat?
In der Zeit der ersten Reife ist der junge Mensch erfüllt von einem Drang in die Tiefe. Er ahnt in der Welt und fühlt in sich selbst ein Tieferes hinter der Oberfläche der Erscheinung und des Augenblicks und er fühlt sich von ihm wie von einem im innersten Wesen der Dinge liegenden Magneten angerührt und gezogen. Und so bricht die Welt ringsum und auch das eigene Selbst auseinander in den Gegensatz von *Erscheinung* und *Wesen*. Mit einem Male wird alles zur Frage, wird alles hintergründig bedeutsam. Bedeutungsschwere Gefühle lasten auf dem Gemüt, und ein neuer Ernst hält seinen Einzug. Zur Empfindlichkeit gegen die Enge des «Bestimmten» und «Begrenzten» gesellt sich die Empfindlichkeit gegen das Laute, Direkte, Allzueinfache, Flache, Unmittelbare. Und so gewinnt das ganze Leben mit einem Mal auch an *Schwere,* so als sei etwas, das «hinter den Dingen» liegt, aufgegangen, das den Sinn aller Erscheinung in eine tiefere Schicht zieht.

*

Wie flach erscheinen von daher dem jungen Menschen die konventionellen Begriffe des Alltags, wie flach die Auslegung alles Geschehens! Ist nicht alles Problem? Doch wer versteht das! Wer versteht den jungen Menschen, der erstmalig die Stimme des Wesens vernimmt, die die Stimmen der Welt fragwürdig macht? Die Erwachsenen? Nein; denn sie leben befangen in der Gültigkeit ihrer Ordnung. Die Kameraden der Kinderzeit? Nein; denn die Zeit des Spiels ist vorüber. Einzig der Freund, der einzige Freund, der vom Gleichen ergriffen das Gleiche erleidet. Der junge Mensch ist voller Verlangen nach einer verstehenden Seele und der Beglückung heimlichen Einverständnisses in einer Tiefe, die jeder Begriff überschattet und die nur im mitschwingenden Fühlen ihren Sinn offenbart. Denn was hat die Konvention der üblichen Ordnung, was das Schema der ratio, die alles entzaubert, fixiert und begreift und in Nutzbarkeit zwängt, mit dem einzigartig Besonderen zu tun, das aus der Tiefe des Wesens jetzt aufbricht und einfach aufblühen will!

*

Das Aufgehen der Tiefe bringt neue, schmerzliche Spannung. Dort, wo die unermeßliche Weite aufging, war es die Zerrissenheit zwischen der «engen», weil allzubestimmten und allzubegrenzten Welt des nichts als geordnete Leistung fordernden Daseins und einem unbegrenzt weiten Lebensreich, das alle Daseinswelt übergreift und in das die Seele sich erfüllungsdurstig hinaussehnt – hier ist es die Zerrissenheit des Lebens zwischen der «flachen» Welt, des nur zu äußerem Behaupten aufgegebenen und nur in der Fläche seiner Erscheinungen begriffenen Daseins und dem Reich eines tieferen Seins, das «hinter» allen Erscheinungen ist, und aus dem allein, wie es scheint, wahrhaft sinnvolles Leben emporsteigt.

*

Ist das, was hier erlebt wird, nur Wahn einer unreifen Jugend? Gewiß nicht! Das Leben *hat* nicht nur eine über alle Bestimmbarkeit und alle Begrenzung hinausgehende Weite, sondern auch eine sich aller Begrifflichkeit entziehende, unermeßliche Tiefe! So ist das die zweite Weisheit, die in der Zeit der ersten Reife zum ersten Male aufleuchtet und den jungen Menschen zu innerst bewegt. Was ist wohl bezeichnender für die Stufe dieses Erkennens, als der ahnend verstehende Blick, den «eingeweihte» Freunde in schweigendem Einverständnis miteinander tauschen und mit dem sie sich über das nur ihnen geöffnete Wissen verständigen und zugleich über die verächtliche Flachheit des vermeintlichen Wissens ihrer Umgebung lustig machen und hinwegsetzen? In dieser Zeit der ersten Reife *sind* wir vom Leben «Eingeweihte» – und bald sind wir es nicht mehr.

Auch das Ergriffensein von der Sinn-Tiefe der Welt und des Lebens ist in der Zeit der ersten Reife lebendig vor allem als *Sehnsucht*. Vom Wesen in sich selbst und in allen Dingen erfüllt und bewegt empfindet der junge Mensch schmerzlich den Mangel einer Ordnung, die das Dasein «wesenlos» faßt und das zur Entfaltung drängende Wesen in flache Ordnungen zwängt.

Aber bald wird der junge Mensch aus der Versunkenheit in das Geheimnis der ihn umgebenden und in ihm selbst aufgehenden Tiefe durch die ihn von außen bedrängenden Forderungen des unmittelbaren Daseins gerissen. Und wenn wir uns dann – ist nicht von uns selber die Rede? – der Forderung ganz fügten, war es dann nicht, als ließen wir einen inneren Schatz uns entgleiten, nach dem wir so gern noch länger gegraben hätten, aber nicht durften? War es dann nicht wie ein Schuldigwerden gegenüber einem tieferen «Sollen», das nun ein äußeres Müssen begrub?

Die Erwachsenen sprechen jetzt von dem «seelenvollen Alter» mit verständnisloser Herablassung wie von einer niederen Stufe, die sie auch einmal durchschritten, aber, wie jeder das tun muß, dann überwanden. Die Erwachsenen aber, die so sprechen, wissen es nicht, daß sie damals, so wie jetzt ihre «Jungen», in einer ersten Fühlung mit ihrem Wesen, der Wirklichkeit des Großen Lebens näher waren als jetzt und daß gerade ihr daseinsbefangener Realismus, dem das Innesein der Entfaltungsweite und Wesenstiefe des Lebens entglitt, der Schleier ist, der die Wahrheit verbirgt. Denn im Aufbrechen der Tiefe äußert sich wie im Aufgehen der Weite zum ersten Male das größere Leben selbst, äußert sich in seiner Weise, menschliche Wirklichkeit zu werden: in der Seelensprache des aufgehenden Wesens.

*

Der Aufgang des Wesens äußert sich in der Zeit der ersten Reife, deren Sinn er ist, wie im Innewerden der unermeßlichen Weite und Tiefe des Lebens zum Dritten im Erhobenwerden des Menschen in eine bislang nicht erfahrene *Höhe*. In dieser «Richtung zur Höhe» gewinnt die gestaltlose Sehnsucht in die unermeßliche Weite und die Ergriffenheit von einer grundlosen Tiefe erstmalig Gestalt. Das Leben, das vor den jungen Menschen liegt, hat den himmlischen Glanz der Verheißung, und ist eine Zeit durch die Schrecken des Daseins in Dunkel gehüllt, so bemächtigt sich eine besonders geartete Traurigkeit des jungen Herzens, die nur das Gegenbild jener Hochgestimmtheit ist, die im Grunde der Reifezeit zusteht.
Der Himmel, so heißt es, hängt nun «voller Geigen». Das Leben in der Vielfalt seiner nüchternen Kräfte und zerstörenden Mächte ist noch nicht bekannt. Das Lebensgefühl ist noch ungebrochen von Widrigkeit und Enttäuschung. Und so sieht das Auge des Herzens nur seine leuchtenden Farben. Der junge Mensch fühlt den Glanz der verspre-

chenden Fülle, ist ergriffen von der Tiefe des Sinns und ergreift nun im Höhenflug seiner inneren Kraft die Spiegelung eines höheren Seins in «Idealen». Die aller Wirklichkeit des raumzeitlichen Daseins auferlegte Beschränkung, in der jedes Gebilde nicht einfach aus seinem Wesen aufblüht, sondern unter den harten Bedingungen des Daseins entsteht, ist unbekannt, und ungetrübt vom Wissen um die die Wesensentfaltung im Dasein verstellenden Schranken ersteht das Bild vom Leben, wie es «eigentlich» sein könnte und *sollte.* Und dieses Traumbild eines Lebens, darin alles sich seinem Wesen gemäß zu entfalten und zu vollenden vermag, dieses Bild einer Welt, darin die Wirklichkeit ihren Ideen entspricht, sie läßt das Herz «höher» schlagen. Getragen und zur Höhe gehoben vom Traum einer höheren Welt träumen wir nun von einem schönen, wahren, reinen und edlen Leben – träumen es nicht nur bei Nacht, sondern empfinden den Traum als die Wirklichkeit, der wir im Grunde angehören.

*

Wenn in der Zeit der ersten Reife das «Ideale» uns packt und der Höhenflug unseres Herzens, dem Aufstieg der Seele gehorchend, uns über das Dasein emporträgt, werden wir uns mit Erschrecken der Niedrigkeit inne, in der das Leben um uns im Ablauf des Daseins dahinkriecht. Die Welt ist wiederum in zwei Weisen zerrissen: In die Welt des «niederen Alltags» und das Reich eines «höheren Seins». Die Seele treibt uns empor, aber die Welt der «Erwachsenen» ringsum erscheint wie ein böses Gewebe, das den Flug zur Höhe verwehrt und uns den Würmern angleicht. Aber der Gegensatz von Niedrig und Hoch ist erfahren, wie der von Edel – Gemein, von Sollen und bloßem Dasein – und nichts vermag dem Wohlgeratenen, der zu dieser Reife gelangte, die Überzeugung zu rauben, daß das höhere Reich, das er sieht, so wie der Grund, aus dem es hervorwächst, das

Eigentliche sei, darin das Leben, das Sinn hat, im Grunde gefügt ist.

*

Die «Ideale», Bilder des Lebens, wie es im Grunde gemeint ist, erfüllen in der Zeit der ersten Reife das innere Auge sowohl im Anblick der Welt wie in der Besinnung auf das eigene Wesen. Die Menschen, die Dinge und Ordnungen, deren der junge Geist sich fragend und erkennend bemächtigt, werden ihrer Idee nach gesehen und, wo immer sie sie verrieten, verurteilt oder verwandelt. Die Welt, wie sie eigentlich sein sollte, wird zum Impuls aller Hoffnungen und aller Pläne. Der «Schwarm» oder «Heros», der jetzt das Gemüt mächtig anzieht und zur Selbstverwirklichung anspornt, ist etwas anderes als die Helden der Kindheit. Diese waren mächtig im Dasein, mächtig im Kampf mit seinen Gewalten, daseinsmächtig mit ihren natürlichen oder übernatürlichen Kräften. Jetzt aber geht es um anderes. Jetzt sind es Verkörperungen von Idealen, Gestalten, deren Wesen über das Dasein hinausweist – denn es ist nicht mehr der Drang des in das Dasein hineinwachsenden Ichs, das sich in Proben der Kraft und des Könnens entfaltet und in Traumgestalten verdoppelt, die es im Übermaß haben, sondern jetzt ist es der Drang der mächtig sich meldenden Seele, die sich dem Dasein zum Trotz entfalten will in der Zeit und sich in idealen Gestalten, die zur Verwirklichung und Nachahmung rufen, dem jungen Herzen in ihrem Wesen erschließt und zu herrlichem Aufschwung emporreißt.
Zeit entscheidender Impulse! Glücklich der Mensch, dem es gewährt ist, wenigstens eine Weile den inneren Schwung zu verspüren, der ihn zur Höhe emporträgt, und in ihm heimisch zu werden, ehe die Mächte des Daseins, gebunden an Raum und Zeit, die Schwingen der Seele beschneiden und sich der zum Himmel berufene Mensch im Gestrüpp der Erde verfängt.

*

Mehr noch als der Drang in die Weite und Tiefe scheint der Aufschwung zur Höhe zu zeigen, daß die Zeit der ersten Reife den Menschen der «Wirklichkeit» fremd macht. Und nichts begegnet denn auch so sehr der höhnenden Entwertung der klug gewordenen anderen, als dies unbekümmerte Wollen einer höheren Welt. Was weiß auch der junge Mensch von den mindernden Mächten? Er sieht sie nicht, er hat sie noch nicht erfahren. Aber eben darum ist er noch fähig, mit dem ungetrübten Blick seines Wesens etwas anderes aufzunehmen, das dem, der das Dasein erfuhr, leicht bis zum Nicht-Sein entschwindet.

Das «Dasein», darin der Mensch sich behauptet, und um dies zu können, den Verstand ausbilden muß und vielseitiges Können, nüchtern werden muß gegenüber der Welt, wie sie «ist», die Grenzen erkennen muß, die ihm und der Zeit zugehören; das Dasein, darin sich alle bekämpfen und in dem das Niedrige siegt – dies Dasein ist ohne Zweifel die «Wirklichkeit» für den nur in ihm lebenden Menschen. Die Frage ist nur, ist es das *Ganze?* Und die Frage ist weiter: Verliert nicht, wer sich ganz darin fängt, den Blick für das, was es nicht ist, den Blick für das größere Ganze? Gewiß muß der Mensch, was immer er sonst sei, es lernen, sich in diesem Dasein zu sichern, muß lernen, es auch als Wirklichkeit anzuerkennen – aber «nur»? Dann verliert er sich selber!

Die das junge Herz beflügelnde Erfahrung einer den Menschen über das bloße Dasein emporrufenden *Höhe* ist die dritte Weise, in der sich im Aufgang des Wesens das Große Leben dem Menschen ankündet.

Das also ist der tiefere Sinn dieser ersten Zeit der menschlichen Reife – das eigentlich Menschliche an ihr – daß jetzt, wo der Mensch reif wird, sich selber in der Zeit fortsetzend, zu zeugen und zu empfangen, ihm das königliche Wissen um *das* Leben aufdämmert, das als ewige Empfängnis und

Zeugung auch den Tod des Daseins überwächst. Im Aufgang des Wesens – denn das Wesen erwacht ja erst jetzt –
ergreift ihn das Größere Leben, und er erfährt diese Ergriffenheit als *Sehnsucht* in die *Weite, Höhe* und *Tiefe*. Als Sehnsucht aber vermag der Mensch nur zu erfahren, was er im
Grunde besitzt. Jede Sehnsucht ist Heimweh und bekundet
Verbundenheit in der Tiefe mit dem, von dem man in der
Oberfläche getrennt ist. Und immer lebt im Verheißungs-
grunde der Sehnsucht als Wirklichkeit das, was in der
Fläche des Daseins verstellt ist. So bekundet die Sehnsucht
der Jugend die Wirklichkeit menschlichen Wesens in seiner
Teilhabe an jenem nach Weite und Tiefe unbegreiflichen
Sein, das in der begriffenen Enge und Flachheit des Daseins
verstellt ist. Und so auch erfährt der junge Mensch in der
Zeit der ersten Reife das Neue im Zerrissensein zwischen
Dasein und Sein, Ichsein und Wesen, erfährt es als Widerspruch zwischen der Enge, Flachheit und Niedrigkeit des
im Raumzeitlichen werdenden Lebens und jenem größeren
Leben, das, aus dem Unendlichen kommend, im Über-
raumzeitlichen west.

Was das kleine Leben unter den Bedingungen des raumzeitlichen Daseins verlangt, ist etwas anderes, als wozu das
große Leben uns aufruft. Den Widerspruch zu vereinen, ist
die Aufgabe späteren Reifens. Aber daß der Sinn dieses
Lebens sich nicht im Dasein erschöpft, das eben erfahren
wir in dieser ersten Reife, wo mit dem Aufgang des größeren
Lebens die Beschränktheit des kleinen hervortritt; denn un-
vergleichlich allen Erlebnissen, die sich auf das bloße Dasein beziehen, sind jene besonderen, die in der Sprache der
Seele das aufgehende Wesen kundtun. Und wenn das Wort
« Seele » im Zuge des rationalen Begreifens der «Welt», seinen Gehalt, der über sie hinausweist, verlor, so nur, weil
der Mensch, im Kampf ums Dasein befangen, taub wurde
für die Stimmen des Wesens. Und eben das ist der Gewinn

einer Besinnung auf die erste Zeit menschlichen Reifens, daß wir in ihr jener Erfahrung gewahr werden, die das Große Leben offenbart, weil es noch nicht vom kleinen erdrückt ist. Noch unbekümmert von Sorge, erfährt hier in Reinheit der Mensch, was ihm dann der Kampf um Sicherheit, Geltung und Macht im späteren Leben vernebelt. Und der in der Verzweiflung am Dasein zu neuer Besinnung Gerufene vermag, sich wehmütig seiner Jugend erinnernd und von neuem ergriffen von Glück und Leid ihrer Sehnsucht, die tiefe Bedeutung zu erkennen, die im *Seelischen* liegt. Das Besondere, das sich in ihm und nur in ihm offenbart, ist mit anderem nicht zu verwechseln. Will man es mit einem Wort benennen, daß es von allem, was sich nur auf das Dasein bezieht und auf das kleine Leben, das uns in Todesangst hält, so mag man es das «Große Leben» nennen, an dem teilzuhaben unser Wesen ausmacht, und also sagen: In der Sprache unserer Seele vernehmen wir unser wahres Wesen und in ihm jenes größere Leben. Das Seelische in uns ist die Weise, in der im kleinen Leben des Menschen das Große Leben anspricht – anspricht als Widerspruch dort, wo das raum-zeitliche kleine sich von ihm loslöste, als Verheißung dort, wo jenes verspricht, dieses zu offenbaren. *Daß* aber das raum-zeitliche Leben mitsamt dem Ich, das nur dies meint, selbst zum großen gehört und also der Widerspruch kein endgültiger ist, sondern nur die leidvolle Weise, in der sich das Ganze bewußt wird, das zu erkennen und zu leben ist einer späteren Zeit vorbehalten. Die erste Reife ergreift den Sinn ohne Trübung und empfindet so auch die begrenzende Macht des raumzeitlichen Daseins nur als Widerspruch zum tieferen Wesen.

*

Schon das kleine Kind sagt eines Tages «Ich»! Schon der Junge und das Mädchen haben ein «Selbst» mit seinem

Stolz und seinem Eigensinn, mit seiner «Welt» und seinem Leistungswillen und Geltungsanspruch in der Welt. Aber das «Selbst», das in der Reifezeit entdeckt wird, ist etwas ganz anderes! Denn wo die Stimme des Wesens anklingt und zum erstenmal durch die Wände des eigenen Selbstes hindurchtönt, fühlt sich der Mensch auch erstmalig ah‑nungsvoll als *Person* und damit in die dem Menschen zu eigener Verantwortung geschenkte *Freiheit* gestellt. Verant‑wortung und Freiheit bestehen dem eigenen *Wesen* gegen‑über wie auch gegenüber der *Welt,* und dieses begründet neue vielfältige Spannung. Der Entfaltungs*anspruch* des eigenen Wesens kollidiert mit dem sich nun fortschreitend klärenden Bewußtsein, der Welt gegenüber *Pflichten* zu ha‑ben. Der «Ernst des Lebens» wird erstmalig erfahren, und eben noch geschwellt von der alles verheißenden Kraft im Aufschwung des Herzens in die unendliche Weite, Tiefe und Höhe, fühlt sich der junge Mensch nicht nur umstellt von den Rätselhaftigkeiten des Lebens, sondern auch, ange‑sichts der zwiefachen Forderung sich selbst und der Welt gegenüber, auf sich selbst verwiesen und *einsam.*

Das Neue, das aufgeht in der Zeit der ersten Reife, läßt schmerzlich die Begrenzung des Daseins empfinden, und im Schmerz über diese Begrenzung wird sich das Neue be‑wußt. Das Neue, das aus dem Unendlichen kommt und durchs Dasein hindurch ins Unendliche strebt, will sich entfalten und offenbart dies in der *Sehnsucht.* Die Daseins‑welt stellt sich der Erfüllung entgegen und wirft den Men‑schen auf sich selber zurück, zurück in die klingende Ein‑samkeit des eigensten Wesens. Es ist die Zeit der ersten frucht‑baren Einsamkeit, in der das Wesen, das sich von der Welt bedrängt fühlt, lebendig wird. Aber die Welt bedrängt nicht nur, sondern sie fordert zugleich unausweichlich ihr unabdingbares Recht. Und aus diesem Zwang heraus flieht der Mensch in das heimliche Reich seines Innern, wor‑

in er mit seinem besten Teil sich aufgehoben fühlt, geborgen und gespeist von tieferen Kräften. So drängt das Neue, das aufgeht, den Menschen nicht nur aus sich heraus, sondern zieht ihn zugleich geheimnisvoll an und in sich hinein. Es drängt ihn zu Entfaltung und schöpferischem Wirken in die Vielfalt des «Draußen» und zieht ihn zugleich in die erlösende Aufgehobenheit in der Einfalt des Grundes. Auch das ist in der Zeit der ersten Reife nur die erste Erfahrung einer Spannung, die dann weiter das ganze Leben begleitet, wofern nicht ein restloses sich Fangen im Dasein das Tor der Tiefe versperrt. Und in dieser Erfahrung einer bis dahin unbekannten seelischen Not spricht zum Selbst in der Sprache der Seele wiederum Gesetz und Wesen des größeren Lebens.

*

In der Zeit der ersten Reife erfährt der Mensch zum ersten Male die Spannung zwischen Dasein und Sein, zwischen dem kleinen Leben im Dasein und dem Großen Leben, zwischen seinem bedingten Selbst und der Unbedingtheit seines Wesens, erfährt sie, weil und insofern da keine Einheit ist. Der Mensch ist zerrissen zwischen seiner Bestimmtheit im Endlichen und seinem Drang ins Unendliche, ist wie gespalten zwischen seinem Ich, das seinen Sinn im Dasein hat, und seinem tieferen Selbst, das nicht nur im Dasein wurzelt. Erst die Einheit von beiden ermöglicht harmonische Ganzheit. Aber es fehlt an der Ganzheit noch in einem anderen Sinn.

Je mehr sich der Mensch in der Zeit seiner ersten Reife seines tieferen Wesens bewußt wird, bewußt und aufgerufen von ihm her, er selber zu werden, desto fühlbarer wird ihm, daß er dies allein, in sich selber verschlossen, nicht kann. Er kann es nur mit und in einem «Anderen». Die Welt weist den Menschen, der sein Wesen verspürt, auf sich selbst, und der Mensch, der sein Wesen *allein* aus sich entfalten will, erfährt,

daß er das gar nicht kann, und fühlt sich zur Ganzwerdung
an das Andere gewiesen. Das «andere» aber ist nicht mehr
die in ihrer Tatsächlichkeit begriffene «Welt», sondern ein
anderes Wesen, das, weil es mit ihm im tiefsten Grund eins
werden kann, auch erst sein wirkliches Ganzwerden ermöglicht.

Im Tiefsten allein sein zu müssen und sich doch nur erfüllen
zu können im «Anderen», auch in dieser Erfahrung kündigt in der Sprache der Seele das «Wesen» sich an – das
zwar teilhat an der Einheit des Großen Lebens, aber als
«Teil» für sich doch niemals das Ganze sein kann, das in
ihm lebt. Wäre es, was es ist, nicht einzig in sich, es wäre kein
individuelles «Wesen», aber als eine Weise des Ganzen
kann es nur atmen, wenn sich das Ganze ihm öffnet. Das
Ganze aber, zu dem wir gehören und das wir doch auch
nicht selber sind – wie spricht es zu uns? Was ist die Brücke
zu ihm? Ein anderer Mensch, der, uns kongenial, d. h. wur-
zelgleich, sich uns öffnet – und so erwacht in der Zeit der
ersten Reife das Sehnen nach dem anderen und nach dem
Einklang mit einem anderen, der die Einsamkeit aus dem
Wesen wieder auf hebt.

*

Gemeinschaft, die die Jugend sucht in der Zeit der ersten
Reife, was ist sie? Kameradschaft? Nein. Freundschaft!
Der Unterschied? Kameradschaft ist die Gemeinschaft des
Glücks und Unglücks im Dasein, Freundschaft ist Gemeinschaft aus der Not und der Beseligung des Seins. Kameradschaft ist auf Leistung bezogen, miteinander und fürein-
ander. Freundschaft ist auf das Wesen bezogen, darin man
eins ist und aus dem man einander versteht. Kameradschaft
ist ohne Freundschaft möglich. Freundschaft schließt
Kameradschaft ein. Kameradschaft ergreift nur einen Teil
des Selbstes, Freundschaft das Ganze. Kameradschaft hilft
dem sterblichen Teil, sich zu behaupten, Freundschaft dem

unsterblichen, zu sein. Kameradschaft sichert das Endliche, Freundschaft dient, das Unsterbliche zu entfalten. In
der Kameradschaft ist Sicherheit, in der Freundschaft Ge-
wißheit. So folgt dem Wunsch nach dem Kameraden die
Sehnsucht nach dem Freunde – und wo sie einsetzt, ist ein
Neues aufgegangen. Die Zeit der ersten Reife steht im
Zeichen dieses neuen Aufgangs.

*

Die Zeit der ersten Reife ist die Zeit des ersten Erwachens
der Liebe zwischen den Geschlechtern – aber dieses Erwa-
chen wird – obwohl es *auch* in den tiefgreifenden physischen
Wandlungen bedingt ist – gründlich mißverstanden, wenn
es «geschlechtlich» im Sinn von «sexuell» verstanden wird.
Wo das Wesen aufgeht, wird auch die in ihm verkörperte
Einheit des Seins lebendig und bekundet sich im Dasein als
Sehnsucht zur Einswerdung mit einem anderen, also als
Erwachen der *Liebe*. Die Sehnsucht zum Anderen in der
Zeit der ersten Reife ist die Sehnsucht nach einer Ergän-
zung, die erst eigentlich das eigene Wesen zu sich kommen
läßt. Erst wo das Wesen den Menschen über sein Selbstsein
hinaushebt und bereit macht, sich einem anderen zu erschließen, findet er sich in seinem wahren Selbst. Er, als dieser einmalige Mensch, «ist», was er ist, aber kann es nur *ganz*
aus seinem tiefsten Grund heraus werden. Doch dieser tiefste
Grund erschließt seine ganzmachende Kraft erst, wo der
Mensch sich mit dem anderen, das im Wesensgrund mit
ihm eins ist, auch in der Wirklichkeit eint. Erst im Einswerden mit einem anderen wird der Mensch ganz, denn in seiner Isolierung widerspricht er der in seinem Wesen immer
auch lebendigen Einheit des Seins.
Nie fühlt der Mensch sich mehr als «er selber», in einem
weiteren Sinn, als dort, wo er nicht mehr nur «er selber» im
engeren Sinn ist, sondern, selber im anderen aufgehend,

sich zugleich in einem anderen «aufgehoben» fühlt und wiedergeschenkt wird.

In der Zeit der ersten Reife offenbart sich zum ersten Male das Größere Leben in der Form des eigenen Wesens, und zwar in einem zweifachen Sinn: Es offenbart sich in der *entgren-zenden* Sehnsucht nach unendlicher Weite und zugleich Tiefe und Höhe – deren Erfüllung alle Grenzen aufhöbe – und in einer neuen *Begrenzung* in der Einzigkeit des eigenen Wesens. Da dieses aber auch die Einheit des Großen Lebens verkörpert, drängt es zu ihrer Bekundung im Dasein, in konkreter Einswerdung mit einem anderen. Das Aufgehen des Wesens bedeutet die erste Erfahrung der eigenen Indivi-dualität. Und so erweist sich der entgrenzende Drang in die Weite, Tiefe und Höhe in geheimnisvoller Weise verbun-den mit einem formgebenden Prinzip, kraft dessen der Mensch sich selbst als «individuelle Seele» entdeckt.

Wie grundverschieden ist das Erleben der eigenen Seele von dem bis dahin vorherrschenden Ichbewußtsein. Der «seeli-sche Hauch», der alles Erleben durchdringt und umwittert, der mit dem Anklingen der individuellen Wesenstiefe und ihres Anspruchs mit einem Male da ist, unterscheidet es ganz grundsätzlich von allem Erleben, das um das Ich und seinen Daseinsanspruch kreist und von seinen Gefühls-charakteren gefärbt ist. Aber wie der aus dem *Wesen* auf-brechende Drang in die unendliche Weite, Tiefe und Höhe den Menschen in Konflikt mit allen Bestimmtheiten und Forderungen der raumzeitlichen *Welt* bringt, so der Drang zur Erfüllung der «Individualität» mit dem Eigenwillen des *Ichs*. Und das, was das Große Leben als «Wesen» vom Selbst in der Sprache des Seelischen fordert, das wird voll-ends erst deutlich und bewußt eben am Widerspruch zu dem auf das bloße Dasein bezogenen Ich.

*

In der Zeit der ersten Reife bricht das Leben in zwei Sinn-sphären auseinander: In die Sphäre des raumzeitlichen Daseins und die Sphäre eines überraumzeitlichen Seins. Der Gegensatz wird schmerzlich empfunden und zuerst im Widerspruch gegen das Dasein und in der Abwertung sei-ner Werte und Forderungen gespürt. Der junge Mensch wirft sich ganz in die Arme des Unendlichen, sucht nur in ihnen Kraft und Behütung, möchte nur der Sehnsucht ge-horchen, die der Durchbruch des größeren Lebens gebiert, die aber, wo das kleine Leben vorherrscht, von allen Seiten verneint wird. Aber das ist nur eine erste Phase, in der die beiden Sphären sich hart widersprechen. Unauflöslich ist das Dasein dem Sein, das kleine, raumzeitliche Leben und seine Welt dem Reich des Großen Lebens verbunden, ihm eingelagert auf Gedeih und Verderb. So kann es nicht aus-bleiben, daß, kaum daß das Größere in der Sehnsucht der Seele aufgeht und als das eigentliche bewußt wird, sich das kleinere dem Menschen nicht mehr nur in seinem Wider-spruch zum wahren Sein darbietet, sondern so, wie es als seine Bekundung eigentlich sein könnte und sollte. Und so ist es natürlich, daß der Mensch, der sein Wesen als Seele er-fuhr, sich alsbald gedrängt sieht, das Dasein selbst zu be-seelen und dort, wo es wesenswidrig dem Ruf aus dem Sein widerspricht, sich gerufen fühlt, es zu neuer Form zu ver-wandeln! So kommt es, daß der Mensch alsbald wie sich selbst so die Welt erstmalig als *Auftrag* empfindet.

*

Wie empfindlich ist der junge Mensch in seinem Selbstge-fühl. Im Hindurchtönen des Grundes ist er auf den Weg zum Personwerden getreten und fühlt sich einem größeren Leben, nicht nur dem Dasein verpflichtet. Die neu empfun-dene Würde seines Wesens erweitert und vertieft sein Selbst-bewußtsein. Unwillkürlich verlangt der junge Mensch

auch von der Welt eine neue Achtung, die seiner neuen
Würde entspricht. Erfüllt vom Bewußtsein seiner von der
eigenen Wesenstiefe getragenen Individualität, sucht er diese
auch in der Welt zu behaupten und schämt sich zugleich
seiner Unfähigkeit, es in vollkommenem Maße zu können.
Der junge Mensch will für voll genommen werden und ist
es noch nicht. Er fühlt den Auftrag der Welt und dem Leben gegenüber und ist ihm doch noch nicht gewachsen.
Und eben in diesem Widerspruch zwischen dem, was er im
Grunde verkörpert, und dem, was er tatsächlich erst ist, zwischen den Forderungen, die seiner harren, und dem Können,
das er erst hat, empfindet er immer die neue Spannung zwischen sich und der Welt. In der Welt will das Ich sich behaupten, will etwas gelten im Dasein der anderen, braucht
Können und schämt sich, wo es versagt, genießt aber auch
in neuer Weise den Triumph jeder Leistung, die seine Stel-
lung befestigt. Das Selbst drängt nicht nur, sich selbst in
neuer, dem Wesen gemäßer Weise zu entfalten, sondern auch
seinen Wesensauftrag in der Welt zu bewähren. Und so ist
im Aufgang des Wesens der ganze Bezug zu Leben und
Welt geladen von einem ganz neuen Sinn, dessen Erfüllung
bedeutet: das Selbst, die Welt und das Leben wesensgemäß
zu verwandeln.   *

Wo das Wesen aufgeht und der Mensch anfängt, wirklich
Mensch zu werden, wird ihm das Leben dreifach zur Aufgabe: als *Bestimmung, Berufung* und *Schicksal.*
Auch in der Kindheit schon träumen Knaben und Mädchen sich in einem Beruf: als Lehrer vielleicht oder als Fuhr-
mann, das Mädchen als Mutter. Sie sehen die Zukunft im
Lichte eines beglückenden *Tuns.* In der Jugend dann erhebt sich das Bild des Berufes, in dem man sich im Dasein
bewährt, auf eine höhere Stufe. Was in der Kindheit als
Beruf vorschwebt, erfordert Können und Kraft. Aber

wenn in der Zeit der ersten Reife die Frage nach dem Beruf sich stellt, geht es zugleich um die Frage nach einer inneren *Berufung*. Es ist die Zeit, in der der junge Mensch groß vom Leben denkt und, alles Kleine und Festgelegte kühn überfliegend, Erfüllung sucht in einer Mission. Dieses Gefühl einer höheren Mission beinhaltet sich natürlicherweise beim jungen Menschen in Vorstellungen einer noch unvollständigen Sicht des Lebens. Aber das Wesentliche daran ist ein eigentümlicher Glanz, der über allem liegt, ein seelischer Schwung, der ihn erfüllt, und zum anderen ein tiefer, innerer Ernst, in dem der junge Mensch sich als Träger eines höheren Auftrags empfindet. Die Erwachsenen sprechen dann vom idealistischen Enthusiasmus der Jugend und lächeln darüber. Aber dieses Lächeln kommt aus einer Haltung, die der Fühlung des Wahren ferner ist als die Haltung, die zum Enthusiasmus befähigt. Gewiß, dem jungen Menschen fehlt die Kenntnis der Schranken des Daseins und der Bedingungen, die seine ideale Gestaltung beeinträchtigen. Aber gerade weil er noch nicht so viel weiß und die Grenzen menschlichen Könnens noch nicht kennt, fühlt er noch mehr, worauf der Mensch im Grunde angelegt ist und wie die Welt eigentlich sein sollte. « Nüchtern » geworden, verliert der Ältere leicht die Fühlung zu dem, was der Grund will, der die Jugend noch unbehindert beflügelt. Das Gefühl «ich bin zu etwas berufen» entstammt nicht dem raumzeitlichen bedingten IchSelbst, sondern kommt aus dem Wesen, ist ein Ausdruck des Großen Lebens, das sich hier in der Sprache des Auftrags bekundet, in dessen Erfüllung der Mensch das raumzeitliche Dasein in seiner bloßen Tatsächlichkeit transzendiert, und in Ordnungen sieht und im Geist schon verwandelt, die tieferen Gesetzen gemäß sind. Es ist der Ausdruck des Lebens als einer Kraft, die drängt, die Inbildlichkeit des Seins in der Gestaltung und Vollendung des Daseins sichtbar zu machen. Zu Be ginn ist das Gefühl der Berufung auch noch nicht auf Bestimmtes beschränkt – nur vage umgrenzt fühlt der Mensch seinen Auftrag, die Welt zu verwandeln und zugleich die uneingeschränkte Befähigung, ihn zu erfüllen, d. h. das Dasein dem höheren Sinn anzugleichen, den er in sich selber empfindet.

*

Das Gefühl, zu etwas «berufen zu sein in der Welt», ist nur die andere Seite des gleichzeitig auftretenden Gefühls der eigenen «*Bestimmung*». Die Berufung bezieht sich auf die Welt, die Bestimmung dagegen auf das eigene Selbst. In der Zeit der ersten Reife liegen die ersten Erlebnisse einer tiefen Verantwortlichkeit, die der Mensch mit Bezug auf sich selber empfindet, auf sich selber als auf den wahren Menschen in ihm. – Vom jungen «Menschen» spricht man ja auch zum ersten Male mit Bezug auf diese Zeit der reifenden Jugend, nicht schon angesichts des Kinds. Zum erstenmal wird jetzt erst geahnt, was «Menschsein» eigentlich meint und daß es so etwas gibt wie eine Bestimmung des Menschen zum Menschen. Und damit erwacht zum ersten Male das Gefühl von etwas absolut Wertvollem, das man in sich selber verkörpert und das man verwirklichen soll.

Der Mensch hat nicht nur eine Berufung mit Bezug auf die vor ihm ausgebreitete Fülle der Welt, sondern auch eine Bestimmung zu sich selbst und in ihm selbst. Diese Bestimmung kristallisiert sich in der Zeit der ersten Reife in guten Stunden zum ersten Male zum Gefühl eines tief innerlich empfundenen unendlichen eigenen *Wertes*. Und wie in ihm selbst, so gesellt sich auch gegenüber der Welt zum Gefühl eines tieferen, hintergründigen Sinns aller Dinge das Gefühl eines ihnen innewohnenden tieferen Wertes. Das Erwachen des Wertgefühles und des mit diesem Gefühl verbundenen Auftrags zur Verwirklichung von Werten in vollendeten Gestalten ist gleichbedeutend mit der Geburt des höheren *Geistes*. Geist überhaupt wird lebendig, sobald sich mit dem Ich auch die Welt zu Gebilden von eigenem Sinn konstituiert. Aber der höhere Geist erscheint erst dort, wo sich zum tatsächlichen Dasein das Sein*sollen* gesellt. Im Erwachen des Wertbewußtseins äußert sich das Große Leben in seinem Drang zur Entfaltung in die vollendete Form. Der Dienst an ihrem Vollzug ist das Leben des Geistes. Zu diesem Vollzug beauftragt zu sein, erfährt der junge Mensch der Welt gegenüber im Gefühl seiner Berufung, sich selbst gegenüber im Gefühl seiner Bestimmung. Den tieferen Sinn, der ihm in der Seele aufgeht, in der Welt zu erfüllen, sie in all ihren Gebilden und Ordnungen dem ihnen innewohnenden Wert gemäß zu gestalten, d.h. das Leben in all seinen Erscheinungen dem zugrunde liegenden Wesen gemäß zu verwandeln, das ist es, was «Berufung» meint. Selber so zu werden und einen Weg zu gehen, der dem neuerwachten Gefühl für das eigene Wesen entspricht, ist, was persönliche Bestimmung meint. Die Welt ist aufgegeben als *Werk,* man selbst ist sich aufgegeben zur Persönlichkeit und zu einem bestimmten *Weg.* Und wie im Gefühl der Berufung zum Werk sich das Große Leben als Forderung äußert, das endliche Dasein zum Gleichnis des unendlichen Seins zu gestalten, das kleine Leben zu einer Offenbarung des größeren, so im Gefühl der inneren Bestimmung als Forderung, in der endlichen Gestalt des eigenen Selbstes, sich auf einem bestimmten Weg in einer Weise zu vollenden, die dem unendlichen Sinn des im Wesen verkörperten Inbilds entspricht.

*

Schmerzlich empfindet der junge Mensch, wie das Dasein in all seinen Sphären seinem inneren Sollen widerspricht. Schmerzlicher noch den Kompromiß, den es von ihm, nachdem das Unbedingte ihm aufging, immer wieder verlangt. Doch eben der Widerspruch der Unvollkommenheit seines und der Welt Soseins zu dem, wozu das Wesen im Selbst und den Dingen ihn aufruft, läßt den jungen Menschen nur um so deutlicher die Unbedingtheit erleben, in der ihn das Größere Leben nun aufruft, seinen vagen Drang in die unendliche Weite, Tiefe und Höhe konkrete Gestalt gewinnen zu lassen im Werk und in der seine Vollendung ermöglichenden und gewährleistenden Persönlichkeit. Die Unbedingtheit des unendlichen Wertes, den er in sich selber als forderndes Wesen vernimmt und den er als tiefsten Kern des eigenen Wesens empfindet, mutet ihn als etwas Göttliches an, das sein Selbstbewußtsein zur höchsten Höhe steigert, zugleich aber auch im Gefühl, ihm keineswegs zu entsprechen, in verzweifelte Spannungen wirft – Spannungen, die sich in der Radikalität jugendlicher Forderungen an ihre Mitwelt, in scharfer Kritik an den Erwachsenen ebenso äußern wie in den Verzweiflungen über eigenes Unvermögen oder Versagen.

*

Das Selbstbewußtsein der Jugend hat nichts mit Einbildung zu tun, nichts mit eitlem Stolz auf irgendwelche Fähigkeiten oder Eigenschaften, die ihn vor den Mitmenschen auszeichnen. Es ist nicht die Eitelkeit des sich im Vergleich überlegen dünkenden Ichs, sondern das Bewußtsein eines sich selbst genügenden Wertes. Es ist ein gehobenes und ein von Seinsfülle geladenes Bewußtsein, das getragen ist von einer inneren Verheißung und den Menschen innerlich beflügelt und stark macht, zugleich aber immer wieder in die bewegte Stille der eigenen Innerlichkeit ruft.

Aus dem verheißungsvoll erfüllten Raum der eigenen Mitte und dem Ungenügen, das er sich selbst gegenüber empfindet, wird der junge Mensch immer wieder herausgerissen durch die Forderungen des Tages, deren Maßstab ihm widerspricht. Aber immer wieder kehrt er, ein heimlicher König, dem Ruf des Wesens gehorchend, in den Kreis der inneren Wahrheit zurück und fühlt in sich die beglückende Kraft, einstmals das innere Versprechen, das er sich selber ist, erfüllen zu können. Glücklich die Jugend, der ein freundlicher Stern es erlaubt, das Bewußtsein vom unendlichen Wert, der sich im Aufgang des Wesens ankündigt, eine Weile wachsen zu lassen, ehe die Unbedingtheit des Auftrags in der Bedingtheit des Daseins verwässert.

*

Das Dritte, das im Widerspruch zwischen Unbedingtheit des Wesens und Bedingtheit der Welt neben dem Gefühl der Berufung und der Bestimmung in der Zeit der ersten Reife erwacht, ist das Bewußtsein des eigenen *Schicksals*. Immer spiegelt das Schicksalsbewußtsein das Verhältnis des Menschen zum Leben als einer ihm überlegenen Macht. Im Schicksalsbewußtsein erscheint das Leben in der Unerbittlichkeit von Gesetzen, die der eigenen Freiheit entzogen, den Menschen fördern können oder vernichten. Schicksal ist aber auch die Weise, in der sich das Große Leben unter den einschränkenden Bedingungen des kleinen Lebens mehr oder weniger leidvoll bekundet. Und schon im ersten Aufgang der Seele, wo das menschliche Selbst im Medium seines Personwerdens zum erstenmal die Stimme des großen Lebens vernimmt, erfährt es das Schicksal in seiner zweifachen Bedeutung. Im Schicksal wird oder entwird dem Menschen Wirklichkeit gemäß dem großen Gesetz. Aber das, was «Wirklichkeit» bedeutet, als sich erfüllendes oder nicht erfüllendes eigenes Leben, ist von Grund auf verschieden, je nachdem der Mensch seinen Stand nur im raumzeitlichen Dasein sucht und behauptet oder darüber hinaus sich dem Großen Leben anheimgibt. Wo und insofern sich der Mensch nur als kleines Ich dem Dasein verschrieb, ist Schicksal der Inbegriff aller Mächte, die von

außen sein Leben bestimmen. Schicksal ist dann der Inbe/
griff jener rätselhaft fremden Macht, die ohne Rücksicht von
außen in unser Leben eingreift und alles, was der Mensch in
dieser Welt will, fördert oder bedroht, bejaht oder verneint,
bestätigt oder vernichtet, und ohnmächtig steht der auf sei/
nen Ichwillen beschränkte Mensch dieser Macht gegenüber.
All dies erlebt der junge Mensch erstmalig und mit einem
geheimen Entsetzen, gerade weil, vom Wesen beflügelt und
zu hoher Leistung gerufen, sein Wille sich erstmalig voll
zur Bewältigung und Meisterung der Welt und des Lebens
anspannt. Aber weil er eben in dieser Zeit auch erstmalig
das Große Leben vernimmt und aus der Tiefe seines von
ihm erfüllten Wesens heraus auch erstmalig das Sein ver/
spürt, das alles Dasein übergreift, kündigt sich auch ein an/
deres Schicksalsbewußtsein an, darin Schicksal nicht als
die fremde Macht, sondern als jene vorgegebene Ordnung
höherer Gesetze fühlbar wird, zu der man selber gehört und
der sich in Freiheit zu fügen das Bedrohliche entmachtet.

*

So vollzieht sich das Erwachen des Schicksalsbewußtseins
in der Zeit der ersten Reife in zwei Schritten, in denen der
Mensch einerseits als ein im Dasein befangenes Ich und zum
anderen als eine vom größeren Leben her bestimmte Person
die zweifache Möglichkeit seiner Grundeinstellung zum
Leben erfährt. Wer kennt nicht die großen, erstaunten, er/
schreckten und ernsten Augen des jungen Menschen, der
zum erstenmal spürt, daß er einer Macht unterworfen ist, die
stärker ist als sein Ich und mächtiger als alles, was er mit sei/
nem Willen vermöchte! Wer aber nicht auch den hoffnungs/
voll fragenden, nach innen gekehrten Blick, ob nicht das,
was er als neue Quelle des Lebens im innersten Wesen ver/
spürt, auch die Kraft in sich birgt, das Netz jener Schick/
salsfäden von innen her zu zerreißen, die ihn an die Schran/

ken des äußeren Daseins fesseln. Gerade dann, wenn der Mensch die Grenze eigenen Vermögens in der Macht des äußeren Schicksals erkennt, das als ein ihm fremdes Gesetz auf ihm wie auf einem Gefangenen lastet, kann er die Freiheit erahnen, die aus dem innersten Sein dem Dasein gegenüber hervorbricht, wo er sich gehorsam vertrauend der Gesetzlichkeit fügt, die ihn in leidvoll beseligtem Aufschwung über das Dasein hinausweist. Erstmalig erfüllt ihn als Ahnung, daß im Gehorsam gegenüber dem Großen Gesetz, das ihn als Verheißung und Sehnsucht, aber auch als ein Sollen bewegt, das Geheimnis der Kraft liegt, sich auf eine Stufe des Selbstseins zu schwingen, die, weil sie das Dasein mit samt seinen «fremden Gewalten» in das größere Leben miteinschließt, den leidvollen Gegensatz überwindet, in dem der Mensch, als ein nur im Dasein befangener, das größere Gesetz als eine Fremdmacht empfindet.

*

In der Zeit der ersten Reife äußert der junge Mensch im Widerspruch seiner Haltung den Widerspruch der Kräfte, die ihn beengen und tragen. Einerseits sammeln und verwandeln sich die aus der Tiefe neu aufgehenden Kräfte im daseinsbezogenen und zugleich vom verstärkten Bewußtsein der eigenen Individualität erfüllten Ich zu einem Willen, der sich im ungebrochenen Gefühl eigener Stärke weitgesteckten Zielen zuspannt. Zum andern taucht der unübersehbare Schatten aller daseinsbezogenen Existenz auf: Die allem Willen entzogene und überlegene Macht des «fremden» Schicksals, das den Menschen in das Gefühl seiner Ohnmacht zurückwirft. Wohl fühlt sich der junge Mensch im Aufgang der Seele in beseligendem Aufschwung in die Weite gerufen und in die unendliche Höhe und Tiefe. Aber eben in diesem Ruf des Großen Lebens empfindet er zugleich die Enge, Flächigkeit und Niedrigkeit des bloßen Daseins.

Überall der Gegensatz und Widerspruch zwischen einem mit herrlicher Gewalt auf brechenden Neuen und dem alten Dasein, dessen gewohnte Formen mit einem Mal schal, leer und brüchig erscheinen und nirgends dem Sollen gemäß sind, das als innere Forderung den Menschen bewegt. Getragen von der Würde des inneren Wertes fühlt er sich verletzt vom Unwert des Daseins. Ergriffen von den Gefühlen seiner Berufung in der Welt, sieht er sich verantwortlich gegenüber dem ihm zufallenden Werk und empfindet doch zugleich wieder den Mangel an Sein und an Können gegenüber dem großen Auftrag. Ergriffen von dem Gefühl der inneren Bestimmung, fühlt er das Inbild seines eigenen Seins und zugleich die Ferne von seiner Verwirklichung. Aber trotz alle dem bleibt das Überwiegende der Zeit der große *Ruf*. Erstmalig steht das Leben im Zeichen des Großen Lebens und wird das Dasein erfüllt von seinem tieferen Sinn. Und eben weil dieser als Ruf vernommene Sinn noch rein und ungetrübt von den Erfahrungen erklingt – die dann noch zu machen das Schicksal des Menschen ist, der ja als Daseinswesen sich auch im Dasein behaupten muß und also bestimmt ist, gerade auch das endliche, auf rationales Wissen und Können gestellte Ich auszubilden, dessen Sicht dann wie ein Schleier die unendliche Wahrheit verhüllt –, hat die Zeit der ersten Reife die Bedeutung jenes noch ganz reinen Quells ursprünglicher Wesensimpulse und des tiefsten Gewissens alles späteren Werdens.

So gewiß sich der Mensch im « Kampf ums Dasein » dem Lebenssinn seiner Jugend entfremdet und sich als « Erwachsener » oft lächelnd über ihre Illusionen erhebt, irgendwann einmal kommt die Zeit, in der seine Untreue gegenüber dem in der Jugend angetretenen inneren Weg, dem Weg der Seele, sich rächt. Die Sprechstunde der Therapeuten ist zur Hälfte mit Menschen bevölkert, deren Neurosen nichts anderes sind als Zeichen dafür, daß sie am Tiefsten in ihnen vorbeigelebt haben. Selten genug dämmert es von selbst dem im bloßen Dasein verhafteten «Erwachsenen», daß er sich der Wahrheit ferner befindet als in der Zeit seiner Jugend. Meist bedarf es der Erfahrung des vernichtenden Schicksals, damit er wieder umkehrt, um jene Einsfühlung mit dem Großen Leben zu finden, aus der allein auch das Dasein mit seinem wahren Sinn erfüllt zu werden vermag – jener Einsfühlung, die das königliche Geschenk an die Jugendzeit ist – an die Zeit der ersten Reife – in der im Menschen erstmalig das Große Leben aufgeht.

*

Manch einer wird sagen, diese Darstellung der Zeit der ersten Reife sei einseitig und utopisch und der heutigen Jugend nicht angemessen. So kann man auch in einem Jahr, in dem ein Maifrost die Blumen verdirbt und die Blüten nicht zur Entfaltung kommen läßt, sagen: auf die heurigen Blumen paßt die Vorstellung von Blumen nicht, die für normale Jahre zutrafen. Wir sprachen aber nicht von der «heurigen» Jugend, sondern von der Jugend schlechthin und dem Sinn ihrer Not und Beglückung. Und wer kann das Leid der jungen Seelen ermessen, über die der Maifrost unserer Zeit einbrach? Und zeugt nicht die Trauer der Menschen, denen ein grausames Schicksal vorzeitig die Flügel der Seele beschnitt, zeugen ihre glanzlosen Augen nicht auch von dem, was ihnen zu erfahren versagt war und was doch ihr wie unser aller verborgenster Schatz ist?

STERNSTUNDEN DES LEBENS

Zu Beginn einer Beratung erzählte mir einst eine Frau – sie
war Mitte der Vierzig – durch mehrere Sitzungen hindurch
ihr Leben. Am Ende der dritten Stunde griff ich aus dieser
Lebensgeschichte einen bestimmten Augenblick heraus,
ein anscheinend kleines Erlebnis aus ihrer Kindheit. « Sagen
Sie, liebe Frau …, Sie erzählten in der ersten Stunde, wie
Sie einmal zusammen mit ihrer Mutter in einer Kirche waren … da sei, so sagten Sie, ‚das Licht in so eigenartiger
Weise durch die bunten Kirchenfenster gekommen‘. Als
Sie das sagten, hatte, so schien es mir, Ihre Stimme eine besondere Schwebung. Überlegen Sie mal, war da irgend-
etwas Besonderes? »

« Nein », sagte die Frau, «– wieso – das war eben schön …
doch … (und langsam schien das Erlebte noch einmal in
ihr aufzusteigen) es *war* in einer besonderen Weise ‚schön
…hm, ja, das hat mich damals eigenartig berührt … ganz
seltsam war das … Nur einen Augenblick hat es gedauert,
da war ich, wie soll ich es ausdrücken, wie hineingenom-
men in etwas ganz anderes. Ja, jetzt weiß ich es wieder: es
war mir damals mit einem Male so ruhig, so ganz licht und
warm zumute. » Sie hielt inne, und mit einem veränderten,
etwas betroffenen Ausdruck fragte sie zögernd: « Meinen
Sie, ich soll das ernst nehmen? »

« Ja », sagte ich, « ich meine schon, sehr ernst sogar, und den-
ken Sie doch einmal bis morgen darüber nach, ob es in ihrem
Leben nicht noch mehr solche Augenblicke gegeben hat. »
Am nächsten Tage kam die Frau wieder. Und als die Zeit

dafür reif war, fragte ich sie: «Nun, ist Ihnen noch etwas eingefallen?»

«Ja, Herr Professor... ich habe nachgedacht... und zweimal war das noch in meinem Leben.» Wieder ging ihr Blick nach innen, und dann fuhr sie fort: «Einmal war das im Wald. Ich war damals sechzehn Jahre alt. Wieso es dann kam, weiß ich nicht. Ich war einen Augenblick stehengeblieben. Es hatte geregnet, ein Sonnenstrahl fiel auf ein Stück Moos – und... da war es wieder da... ganz das gleiche! Es war, wie ich so ganz verloren auf das Moos hinschaute, als würde ich *durch und durch* durchflutet... Ein Schauer ging durch mich hindurch, und dann wurde es ganz still in mir, so ganz licht und warm. Ich war wie geborgen in mir – und doch nicht in mir –. Dann knackte es plötzlich im Unterholz, ich merkte auf, und plötzlich war alles weg.» Die Frau schwieg.

«Und das andere Mal?» fragte ich.

«Ja, das weiß ich noch ganz genau. Das war einmal in der Elektrischen. Mir gegenüber saß eine alte Frau. Und die sah mich an, d.h. sie sah eigentlich durch mich hindurch und sah doch mich an, d.h. ihr Auge traf mich ganz in der Tiefe und... da fuhr es in mich hinein, wie ein warmer Strahl, der alles in mir löste und neu verband... So gut war das. Und danach hatte ich eine so große Kraft in mir, so, als könne mir nie mehr etwas geschehen und als sei alles, alles in Ordnung.»

«Und wie meinen Sie, gehen diese drei Erlebnisse zusammen?» fragte ich die Frau.

«Ganz einfach», sagte sie, «es *war* eben jedesmal ganz dasselbe.» Und mit einem Mal leuchtete sie auf und sagte verhalten und irgendwie tief bewegt: «Jetzt weiß ich, was Sie meinen.»

Von dem Tage an wurde das Leben der Frau anders. Sie hatte nicht nur dreimal dieses Etwas «erlebt», sondern das

Erlebte nun auch in seinem Gewicht und seiner eigentlichen Bedeutung erkannt. Sie hatte *die* Wirklichkeit in sich angenommen, die als eine größere Wirklichkeit unsere kleine Wirklichkeit allüberall durchdringt, der wir aber für gewöhnlich verschlossen sind, die aber, wenn wir uns ihr nur wirklich öffnen, sie zulassen und uns von ihr tragen und durchwachsen lassen, unser Leben von Grund auf verändert.

Unser aller Leben ist durchzogen von solchen Augenblikken, in denen wir ganz in der Tiefe etwas wohltätig Stillemachendes und zugleich beglückend Erregendes erleben, etwas ganz anderes als sonst, und das doch in uns und allen Dingen ist. Aber unsere gewöhnliche Einstellung und Auffassung von den Dingen widerspricht dem, und so lassen wir es in seiner eigentlichen Bedeutung nicht zu, werten es ab oder ordnen es ein, so etwa, indem wir sagen: «Das war eine schöne Stimmung», oder «da war ich halt mal etwas außer mir.» Ja, das ist schon richtig, dieses «Außer mir». Aber was heißt das? Es heißt: «Außerhalb meines kleinen Ichs und der ihm gewohnten Ordnung der Dinge.» Erst aber, wenn wir einmal wagen, diese gewohnte Ordnung zu überschreiten, kann das ganz andere, das in uns ist, aufgehen, das eigentliche Wachstum der Seele beginnt, und es öffnet sich der Weg in die innere, die wahre menschliche *Reife.* Es ist schmerzlich genug, daß dieses Wissen um eine größere Wirklichkeit, die unser Dasein durchwittert, bei uns im Lichte des allbeherrschenden Verstandes sich so schwer durchsetzen kann. So wie wir am Tage die Unendlichkeit der Sterne nicht sehen, nur die Sonne und das Endliche, das sie erleuchtet, so sehen wir auch im Lichte unserer kleinen Verstandessonne das von ihr Erfaßte allein, was aber dahinter ist, nehmen wir nicht *wahr.*

Der eine oder andere wird angesichts der drei Erlebnisse dieser Frau sofort gewußt haben, was gemeint ist. Andere dagegen werden nichts verstehen oder fragen: «Handelt es sich hier nicht um etwas rein Subjektives, um eine nur eingebildete Wirklichkeit?» Nein. Eben nicht. Wie soll ich es nur verdeutlichen? Ich gebe ein Bild, das Bild vom Blatt und vom Baum.

Das kleine Blatt am großen Baum! Wenn es Bewußtsein hätte, wäre sein Lebensgefühl im Herbst nicht völlig bestimmt vom nahenden Tod? Gewiß, wenn in seinem Bewußtsein nichts anderes lebte als sein Blattsein und es nun spürte, daß es gelb zu werden und zu vertrocknen beginnt, wissend, daß es bald abfallen wird, ein Spiel der Winde und ein Opfer der vernichtenden Mächte. Gesetzt nun aber der Fall, es könnte das Blatt sich dessen inne werden, daß in ihm, dem Blatt, eben nicht nur das Blatt lebt, sondern zugleich auch der Baum – der Baum in der Weise des Blattes, daß also sein Blattsein mit seinem alljährlichen Werden und Wiedervergehen eine Weise des Baumlebens ist: Dann wäre dem Blatt das größere Leben, das in ihm ist, inne geworden, das größere Leben, das sein kleines Leben nicht nur, sondern auch seinen kleinen Tod übergreift! Und von Stund an wäre das Lebensgefühl des Blattes von Grund auf verwandelt! Die Angst wäre weg, und alles hätte einen anderen Sinn.

Das ist das Leiden einer in ihrem bloßen Blattbewußtsein, d.h. in der Wirklichkeit des Unmittelbaren befangenen Menschheit, daß sie nicht hindurchzustoßen vermag durch die Schranken ihres kleinen Bewußtseins mit den Ordnungen seiner Sinne und seines Verstandes. Unser ganzes Lebensgefühl entbehrt für gewöhnlich das Innesein des tragenden Grundes. Der aber kann in uns erst aufgehen, wenn wir die Begrenztheit unserer gewöhnlichen Lebenseinstellung einzusehen vermögen und es dann fertigbringen, im Ernstnehmen der Sternstunden unseres Lebens das Größere, das in uns ist, zuzulassen. Nur so können wir die Fühlung gewinnen zu unserem wahren Wesen; denn was ist unser wahres Wesen anderes als die Weise, in der wir teilhaben an einem größeren Leben? Und was ist Reife anderes als die Bekundung dieser Teilhabe in unserem täglichen Dasein?

Die Einswerdung mit dem wahren Grund unseres Wesens: Das ist der Weg in die innere Reife! Wie aber ihn finden? Und wie ihn gehen? Drei Kräfte schließen ihn auf: das tagtägliche Leiden, die großen Schläge des Schicksals und die Treue der inneren Übung. Aus allen dreien kann Reife entstehen. Doch werden nicht viele Menschen vom Leiden in die Verzweiflung und vom Schicksal in die Verbitterung getrieben? Gewiß. Viele aber werden es nicht! Warum nicht? Weil Schicksal und Leiden sie verwandeln. Was aber vermag diese Verwandlung in ihnen zu bewirken? Vor allem eins: Die Fähigkeit, sich dem Leiden zu stellen und das Schicksal anzunehmen. Was aber ist die Voraussetzung hierfür? Nichts anderes als das Freiwerden vom kleinen Ich, das nichts anderes will und weiß, als sich und seine kleine Lebensordnung zu wahren. Nur dem, der diesen immer wachen Widerstand gegen die große Ordnung des Lebens überwindet, kann vielleicht gerade in den schwersten Stunden seines Lebens, bisweilen aber auch in glücklichen kleinen Momenten seines Alltags die andere Wirklichkeit aufgehen. Dann aber heißt es, ihre Zeichen ernst nehmen, auf ihre Stimme horchen und ihr folgen. Dazu aber gehört die Treue der inneren Übung; denn durch sie nur bleibt der Mensch auf dem Weg des inneren Reifens, dessen Frucht nichts anderes ist, als der verwandelte Mensch: der Gereifte mit seinen Zeichen: der unwandelbaren Gelassenheit, Heiterkeit und Güte.

IM SPIEGEL DES ERNSTES

Zwei Arten von Menschen trifft man heute viel öfters als in früheren Zeiten: Menschen, denen nichts mehr Ernst ist und solche, die von einem Ernst sind, dem man ehedem nur selten begegnete. Die einen sagen: Es hat alles doch keinen Sinn – und leben entsprechend. Die anderen wiederum sind getragen von einem gewichtigen, fast feierlichen und doch zugleich heiteren Ernst, der sie durch ihre Tage trägt, als blickten sie durch allen Unsinn hindurch auf einen tieferen Sinn. Die Augen der einen sind glanzlos und wie erloschen. Die Augen der anderen leuchten in einem beredten Glanz, so als wäre ihnen in all der grauen Wirklichkeit des Alltags eine höhere Wirklichkeit gegenwärtig. Zwischen beiden leben die vielen wie flackernde Lichter unter dem wechselnden Druck dessen dahin, was man so allgemein und heute mit besonderem Nachdruck als den « Ernst des Lebens » bezeichnet – aufleuchtend und wieder verlöschend zwischen Lust und Leid, Hoffnung und Enttäuschung der nackten Tatsächlichkeit ihres zwischen Geburt und Tod gespannten kleinen Lebens.

Aber sind es nicht immer die Extreme, die in ihrer breiten Spannung den Pendelschlag zeigen, in dem der Mensch einer Zeit existiert? Heute ist es der Gegensatz zwischen denen, die nichts mehr ernst nehmen, weil sie die Wirklichkeit oder das, was sie dafür hielten, unter den Füßen verloren und den anderen, die im Zusammenbruch der alten Wirklichkeit eine andere Wirklichkeit entdeckten.

In seinem Ernst spiegelt der Mensch das, was für ihn Wirklichkeit hat, Wirklichkeit, der er nicht ausweichen kann, der er sich stellt, das, womit er kämpft und was für ihn gilt, seinem Leben Sinn gibt und worauf er gläubig bauen und weiterschreiten kann. Der Ernst ist das Urphänomen, das trägt und spiegelt, was dem Menschen Wirklichkeit bedeutet. Nur das, was ein Mensch ernst nimmt, nimmt er als Wirklichkeit an und nur, was ihm Wirklichkeit ist, nimmt er ernst. Wo er einer Sache oder einer Lage den Ernst versagt, hebt er ihren Anspruch auf Wirklichkeit auf. Und das Ärgste, das einem Menschen von denen her widerfahren kann, die *er* ernst nimmt, ist, von diesen nicht ernst genommen zu werden; denn das bedeutet, daß er für sie wesenlos ist, sozusagen gar nicht da, und daß sie über ihn einfach hinweggehen.

Der Ernst setzt im menschlichen Leben sehr früh ein. Das Kind spielt im tiefsten Ernst, und die Kunst aller Erziehung und Menschenführung hebt an mit dem Ernstnehmen des Ernstes, der jeder Stufe und Situation gemäß ist. Alles Vertrauen zu Eltern, Erziehern und Vorgesetzten gründet in dem Gefühl, von diesen ernst genommen zu werden. Das ist der Schlüssel für das Geheimnis, daß ein Lehrer im Unterschiede zu einem anderen beliebt ist, daß Studenten an einem Dozenten hängen, daß ein «Chef» ein persönliches Verhältnis zu seinen Untergebenen hat. Sie alle nehmen den ihnen Anvertrauten als ganzen Menschen ernst, und dieser fühlt sich bei ihnen wirklich, d. h. in einer verbindenden und für beide verbindlichen Wirklichkeit aufgehoben. Der Ernst ist die Grundlage für das Vertrauen, das der gute Arzt einflößt. Der Patient vertraut nur dem Arzt, von dem er sich ernst genommen fühlt in seiner Not, ernst genommen, d. h. wahrgenommen und angenommen, in dem, was für ihn wesentlich ist und Wirklichkeit hat. Nehmen wir aber einen Menschen – und sei es auch nur in einem kurzen Gespräch, das Gefühl, daß wir ihn ernst nehmen, dann fühlt er sich auf sich selbst zurückgestoßen, bagatellisiert, seines Gewichtes entkleidet und in seiner Würde verletzt. Denn die Würde des Menschen hängt in der Welt daran, daß sein Ernst ernst genommen wird.

Der Mensch, dem die Würde fehlt, ist der, dem im Grunde selber nichts ernst ist. Er ist läppisch, ungediegen, frivol. Es gibt viele Formen, in denen der Mensch seine Würde verlieren kann. Immer aber hat es den Grund, daß er sich am Gesetz der Wirklichkeit, die er verkörpert und zu der er stehen sollte, versündigt. An jedem Stand hängt eine bestimmte Würde. Es verliert sie, wer die Wertwirklichkeit verrät, die seinem Stand zu Schutz und Vollzug aufgegeben ist. So aber gibt es auch den «Stand des Menschen» schlechthin. Darin verkörpert der Mensch über das nur Persönliche hinaus eine höhere Wirklichkeit, die ihm erst seine menschliche Würde verleiht. Daß er sich unter ihr Gesetz stellt, bekundet sein letzter menschlicher Ernst.

Jeder Mensch, dem es mit etwas ernst ist, stößt immer auf solche, die seinen Ernst unterhöhlen wollen. Je tiefer der Ernst, der uns beseelt, um so sicherer rufen wir die «Widerwelt» auf den Plan, die mit allen Mitteln das «madig» zu machen sucht, was uns heilig ist. Es ist das Wesen der Widerwelt, das, was einem Menschen wesentlich ist, zu entwesentlichen. Die Widerwelt will keinen Ernst, weil sie keine Wirklichkeit will. Sie tanzt auf dem Nichts und will das Leben nur als ein «Spielchen». Sie bejaht nur, was sie gewichtslos von Lust zu Lust trägt, und wird gewichtig und ernst nur, wo einer sie dabei stört. Und es stört sie darin in jeder Lebens- und Arbeitsgemeinschaft ein jeder, der die Wirklichkeit, die ihnen gemeinsam aufgegeben ist, ernst nimmt. Sie fragen dann gern: «Was will der eigentlich?» Und stellt es sich heraus, daß er ernstlich die Sache selbst meint, dann werden sie böse und heimtückisch und suchen ihn lächerlich zu machen vor andern. Solche Menschen sind der Krebsschaden überall, wo Menschen zu echtem Dienen bereit sind.

Wo der tragende Ernst aufhört, setzt der Nihilismus ein, die alle gültige und sinngebende Wirklichkeit vernichtende Haltung. Es gibt diese Menschen, für die nichts den gebieterischen, Gewissen und volle Hingabe fordernden Charakter der Wirklichkeit gewinnt, diese Menschen, die alles bewitzeln, herabziehen und zerlösen. Das eben ist der Unterschied zum echten Humor, der die Wirklichkeit nicht auflöst, sondern auch in seinen Glossen ernst nimmt und sie im Grunde liebend und mit ihren Stacheln und Widersprüchen aus einem tieferen Grunde versöhnlich umfängt – heiter im Ernst.

Was aber ist die Ursache aller im Grund destruktiven, nihilistischen Haltung? Immer ist es ein Mangel an Selbst-Gefügtheit aus dem Kern, sei es, daß sie nie da war oder aber einen Bruch erfuhr. Einem Menschen kann alles zerstört werden – solange er seinem Kern treu bleibt, geht ihm in jedem Zusammenbruch eine tiefere Wirklichkeit auf und ein neuer Ernst. Das Leben wird nicht sinnlos, sondern eine Quelle neuen Sinns springt aus einer tieferen Schicht auf. Ist ein Mensch im Kerngefüge angeschlagen oder erweist es sich als morbide, dann schwindet die verläßliche Tragkraft, das Vermögen zur Regeneration des Ernstes erweist sich als ungenügend, und sein Wirklichkeitsbezug droht, sich in ein Nichts aufzulösen.

Der Ernst ist in Zeiten gefährdet, die nicht nur die Dinge zerstören, sondern dem Menschen auch innerlich in einem Maße zusetzen, das seine Belastungskraft überschreitet. Die Kraft, die Zerreißprobe zu bestehen, ist verschieden. Die Not aber bringt die Tragfähigkeit des Kernes an den Tag. In Zeiten, wo alles «seine Ordnung» hat, der Mensch in Ordnungen und Gefügen existiert, die ihn halten, und nicht er, sondern das «man» in ihm entscheidet, ist der Kern des

Menschen gar nicht aufgerufen. Familie, Stand, staatliche Ordnung und Kirche «halten» ihn im fraglosen Rahmen einer Gliedschaft, die seinen individuellen Kern im Dunkeln läßt. Löst sich das alles auf oder verlieren die von dorther überkommenen Werte Gültigkeit und Gewicht, dann gerät alles ins Schwanken. Orientierung und Halt im gewohnten Gerüst sind dahin, und der Mensch ist auf sich selber verwiesen. Und dann kommt der Kern an den Tag! Das ist das Große unserer Zeit, daß sie, gerade wo sie vernichtet, den Kern des Menschen an den Tag bringt und... ihn wägt. Voller Überraschungen ist das Ergebnis der großen Probe. «Gewogen und zu leicht befunden», so lautet das Urteil für viele, die im Rahmen, der sie trug, so viel Gewicht hatten. «Gewogen und bestanden», lautet das überraschende Urteil für andere, die im Schatten der «Gewichtslosen mit Rahmengewicht» unerkannt blieben. Mit einem Male sind sie da – auf dem Schlachtfeld und in den Bombennächten – als seien sie unverletzlich – im Wahnsinn sie bedrohender Willkür, als seien sie verankert in einem anderen Sinn, unerschütterlich im Glauben und als trüge sie in der Trostlosigkeit letzter Verlassenheit ein tieferer Trost. Wo andere zerschmettert, vom Widersinn erdrückt und in der Verlassenheit zermürbt werden von Angst, Verzweiflung und Hoffnungslosigkeit, erscheinen sie im Kern unberührt, so als hätten die Mächte, die andere zerstören, über sie keine Gewalt. In der unbewegten Heiterkeit ihres Ernstes bekundet sich eine Wirklichkeit, die offenbar gerade jetzt in ihr Innesein tritt und sie einfach, weil sie sie annehmen und *wahr* nehmen und sich ganz von ihr ergreifen lassen, trägt...

Aber was ist dieser «Kern» im Menschen? Offenbar das, was alle äußeren Mächte des Daseins nicht zu zerschlagen und zu zernagen vermögen. Er ist offenbar etwas, das gerade dann sichtbar werden und aufgehen kann, wenn alles, was bis dahin ernst genommen wurde und anscheinend so ernst genommen werden mußte, sich als wesenlos erweist. Er bedeutet also die Verankerung des Menschen in einer Wirklichkeit, die von allen «Wirklichkeits» gefügen und Wertordnungen dieser Welt anscheinend unabhängig ist und weit über sie hinausreicht. Der Kern bekundet offenbar die Wirklichkeit im Menschen, die umfassender, tragender und bergender ist als alle Wirklichkeit, in der der Mensch sonst so fraglos in seinem Rahmen dahinlebt. In dem, was wir den *Kern* des Menschen nennen, ist offensichtlich die Wirklichkeit verkörpert, die die eigentliche ist, *die* Wirklichkeit, die uns im *Grunde* trägt, durchwirkt und umfängt. Es ist das *Sein,* das hinter und in allem Dasein, das Größere Leben, das in und über allem kleinen Leben ist.

Aber wie kommt es, daß der Mensch für gewöhnlich nichts von dieser Wirklichkeit weiß? Daß sie überhaupt nicht für ihn dazusein scheint? Das kommt daher, daß er für gewöhnlich die Zeichen, in denen sie sich bekundet, nicht ernst nimmt. Er kann sie so lange nicht ernst nehmen, als er seinen Ernst nur den Dingen zuwendet, die sich der Rahmenordnung seines gewöhnlichen Bewußtseins einfügen und er an dem vorbeigeht und das abwertet, was sich nicht in sie einordnet. Aber *wenn* ihm dann einmal der Halt und der Sinn und die Geborgenheit in seiner gewohnten Lebensordnung genommen wird und alles zusammenbricht, worin er sich bis dahin so fraglos hielt – dann zeigt sich die ganze Fragwürdigkeit seiner bisherigen Existenz, und es meldet sich aus der Tiefe die andere, die eigentliche Wirklichkeit. Und nimmt der Mensch dann die ungewohnten Stimmen des ihm noch unbekannten, aber in seinem Wesen verkörperten größeren Lebens ernst, dann erst gewinnt das darin verborgene Sein Wirklichkeit im *Selbst*. Der eigentliche Kern, das Wesen, wird zum Kern des Selbstes, und ein neues Leben hebt an.

Die Wirklichkeit, die im Wesensgrund da ist, und die Wirklichkeit, in der ein Mensch dahinlebt, ist zweierlei. Auch der Mensch, der noch ganz in seinen gewöhnlichen Bewußtseinsordnungen lebt, besitzt im verborgenen Grund seines Lebens doch immer schon ein bestimmtes Verhältnis zu der in seinem Wesen lebendigen Wirklichkeit des größeren Lebens. Die Art dieses Verhältnisses erweist sich in der Wirksamkeit oder Unwirksamkeit eines im Wesen begründeten «absoluten» *Gewissens*. Wo dieses Gewissen lebendig ist, da lebt der Mensch immer schon *auch* im Zeichen eines tieferen Ernstes. In seinen Werthaltungen und in seinem Lebensglauben zeigt er, daß er immer auch schon einer Wirklichkeit in ihm die Ehre gibt, die hinter aller Wirklichkeit seines bewußten Lebens ist. Er besitzt «hintergründig» einen Ernst aus dem Wesen, einen Ernst, der hinter seinem Ernst gegenüber der Welt da ist. Und dieser tiefere Ernst hindert ihn nicht nur daran, sich gegen den Wesensgrund zu versündigen, sondern bereitet die Kernung des Selbstes aus dem Wesen schon vor. Wo aber dieses Gewissen fehlt, d. h. wo der Mensch ihm, obwohl er seine Stimme hört, nicht gehorcht und in zynischer Abwertung aller Werte sich der Widerwelt verschreibt und sich in bewußter oder verdeckter Entscheidung gegen alles Tiefere verschließt, wo er, mit einem Wort, nicht *glauben* will, da kann die auch in ihm angelegte Kraft aus dem Wesen keine Wirklichkeit gewinnen, oder sie wird in den verborgenen Anfängen ihrer Kernung «angeschlagen». Dann ist der Mensch hinter der Fassade, die nur in der Rahmenordnung hält, «brüchig» und bricht vollends zusammen, wenn ihm das Schicksal das gewohnte Lebensgerüst zerschlägt. So geht es darum, daß wir uns und den anderen ernst nehmen im Ernst, aus dem die Wesensfühlung schon spricht und der hinter dem Ernst ist, mit dem wir für gewöhnlich das Leben «meistern». Die Menschen überspielen so oft

diesen Ernst, fürchten sich vor dem Lächeln der Widerwelt, schämen sich ihrer verborgenen Treue. Aber sie gehen
auch an ihren tieferen Regungen vorüber, weil das, was sie
bekunden, keinen Platz hat in den Bewußtseinseinordnun-
gen, in denen sie gemeinhin dahin leben. Und weil sie das,
was in den dunklen Stunden größter Verzweiflung und in
den Sternstunden des Glücks mit einemmal tief aus dem
Wesen herauftönt, nicht ernst nehmen, gewinnt es in ihnen
keine Wirklichkeit. Im Ernst aber, mit dem wir das Tiefste
in uns zulassen und gehorsam ergreifen, entdecken wir erst
unseren eigentlichen Kern. Und erst wo er im Ernstnehmen
seiner Zeichen für uns Wirklichkeit wird, werden wir fähig,
unserer Bestimmung zu genügen: in unserer menschlichen
und individuellen Weise und *im* Leben, Lieben und Gestalten unseres Lebens im *Dasein* jene Wirklichkeit des *Seins* zu
offenbaren, die, Spiegel des Göttlichen, das Wesen alles Lebendigen ist.

VOM ÜBERNATÜRLICHEN LICHT

Es ist Bestimmung des Menschen, im raumzeitlichen *Da-sein* das überraumzeitliche *Sein* – und so im psychophysischen *Selbst* und seiner Welt das metapsychische und metaphysische *Wesen* – offenbar werden zu lassen.

Der letzte Sinn aller Seelenführung, die diesen Namen verdient, ist es, dem Menschen zu helfen, diese seine Bestimmung zu erfüllen. Es kann aber, sei es als Erzieher, als Therapeut, oder Seelsorger diesem Sinn nur genügen, wer sich selbst im Zeichen dieser Bestimmung im Zunehmen hält und Wege kennt, sie im anderen Wirklichkeit gewinnen zu lassen.

*

Das Sein, das es im Dasein, das Wesen, das es im Selbst offenbar zu machen gilt, ist kein Produkt der Phantasie, sondern Inhalt einer *Erfahrung,* deren Gehalt nach Qualität und Sinn einer anderen Dimension angehört als alles, was die Ordnung des gegenständlichen Bewußtseins umgreift. So ist es auch ganz natürlich, daß die Offenbarung des Seins im Dasein, des metapsychischen Wesens im psychophysischen Selbst so lange und in dem Maße verstellt ist, als der Mensch im Banne seiner rationalen Bewußtseinsordnung steht. Um sein kleines Leben im Sinne eines größeren Lebens zu erfüllen, ist es dem Menschen jedoch aufgegeben, die Bewußtseinsordnung, die er seiner Natur entsprechend erst allein ausbildet, zu entmachten, sich der seinem übernatürlichen Wesen zugehörigen Seinsordnung zu erschließen und sich aus ihr heraus von Grund auf zu verwandeln.

Das aber bedeutet für den in seiner natürlichen Bewußtseinsordnung «alt» gewordenen Menschen: Er muß ganz
«neu» werden, muß, um seine Bestimmung zu erfüllen, *neu
geboren* werden. Die Neugeburt des Menschen, in der in seinem Dasein das Sein aufleuchtet und in seinem Ich-Selbst
das Wesen aufgeht, ist daher die *Achse alles menschlichen
Werdens* und so auch der *Angelpunkt aller echten Seelenführung.*

*

Das Wort «Neugeburt» bezieht sich weder auf etwas spezifisch «Christliches» noch überhaupt auf einen *Glauben* «an»
ein übernatürliches Sein, sondern auf ein Anliegen vor-
theologischer Frömmigkeit, deren Wurzel eine allgemein
menschliche, gewaltige *Erfahrung* gewisser zu einer bestimmten Reife gelangter Menschen ist und deren Früchte
dem Buddhisten nicht weniger zukommen als dem Chri-
sten. Auch die Begriffe «Sein» und «Wesen» (verwandt im
Unterschiede zu «Dasein» und «Selbst») meinen etwas
Erfahrenes. Der dazu reif-Gewordene, dem es vergönnt ist,
seine gewöhnliche Bewußtseinsordnung einmal zu durchstoßen, erlebt dabei eine Wirklichkeit von so radikal anderen Qualitäten und Sinnbezügen – daß er eben aus dieser
Erfahrung heraus gezwungen ist, dem «raumzeitlich bedingten Dasein», in dem er für gewöhnlich dahinlebt, ein
«überraumzeitliches Sein» gegenüberzustellen und so auch
seinem psychophysischen Ich-Selbst, das in der Zeit geworden und von einer angeborenen Konstitution abhängig ist,
ein metapsychisches, eingeborenes, ungewordenes *Wesen.*
Im Sinne und in der Folge solcher Erfahrungen sprechen
wir auch im Unterschiede zum *natürlichen Licht* des gegenständlichen, in der Ich-Gegenstandsspaltung wurzelnden
Bewußtseins von einem übergegensätzlichen, in der Einheit
des Wesens gegründeten «Überbewußtsein», dessen *über-*

natürliches Licht aufgeht, wenn der Vorgang der Neugeburt einsetzt.

*

Alle Seelenführung, der es nicht darum geht, das übernatürliche Licht in der Menschenwelt aufgehen zu lassen, dreht sich fruchtlos im Kreise. Nicht der Glaube an höhere Mächte und Ordnungen ist «Opium fürs Volk», sondern das Festhalten an einem Rationalismus, der die Entwicklung dieser höheren Mächte und Ordnungen im Menschen verstellt. Wer Leiden auflöst, indem er den Menschen nur innerhalb seiner natürlichen Bewußtseinsordnung befreit, bzw. enthemmt oder festigt, wirkt oft nicht im Sinne des Heils, sondern als ein Verführer. Der Sinn wahrhaft menschlichen Leidens ist es, aus dem Wesen heraus höhere Kräfte und Ordnungen zu gewinnen, die diejenigen aus den Angeln heben, in denen und aus denen das Leiden erwuchs.

*

Echte Seelenführung hält daran fest, daß die Wirklichkeit und Ordnung des übernatürlichen Lichtes sich nicht durch eine ins Unendliche fortschreitende Erweiterung, Erhöhung oder Vertiefung des natürlichen Bewußtseins finden läßt, sondern nur durch dessen Umbruch, d. h. durch einen Sprung in eine andere *Art* Bewußtsein und also nur durch ein Neuwerden des Menschen von Grund auf. Das Hervorbrechen der Frucht in dem dafür reif gewordenen Gefäß des alten Selbstes macht dessen Herrschaft völlig zunichte, und es hebt mit dem Aufgehen des Wesens für alle Bezüge der alten Ordnung ein ganz Neues an. Wohl *lebt* dann der Mensch in der Welt in manchem von ihnen noch weiter, aber er *existiert* fortan aus einer ganz anderen Mitte. So ist für den, der der Reife gebricht, nichts von der Wandlung, die im Erleuchteten vorging, zu sehen. Der jedoch, in dem das Wesen erwacht oder die leidgeborene Sehnsucht schon lebendig ist, verpürt auch im anderen das im Verborgenen entzündete Licht, und das heimliche Einverständnis der vom Wesen Berührten fördert sie auf dem gemeinsamen Weg.

*

Das Aufgehenlassen des übernatürlichen Lichtes hängt an dreierlei: 1. Am *Fühlen* des Wesens (= Innewerdenlassen); 2. Am *Verweilen* im Wesen (= Raumgreifenlassen); 3. Am *Verschmelzen* mit dem Wesen (= Einswerdenlassen). Alle drei Schritte muß der in der Not der Wesensverhül⸗ lung Leidende *selbst* tun. Doch bedarf er dazu der *Führung.* Er bedarf der Spiegelung seiner Lebensspiegelung im Spie⸗ gel eines Gereifteren. Er kommt sonst nicht in den rechten Ernst der *Wesensfühlung;* oder, wo er sie hatte, wagt er nicht, in ihr zu *verweilen,* und weicht vor ihr zurück; oder, wo er in ihr vorübergehend verweilte, weiß er doch nichts damit an⸗ zufangen, hat Angst, sich ihr vollends zu öffnen, und ge⸗ winnt nicht die Frucht voller *Einswerdung.* So bleibt er, auch wo er das übernatürliche Licht erfuhr, in der Herrschaft der Spaltung, die den Menschen vor seiner Neugeburt aus⸗ macht.

*

Wer fähig ist, das übernatürliche Licht dann und wann in sein Innesein zuzulassen, steht im *Vorhof* seiner Verwand⸗ lung. Wer gelernt hat, dann und wann in ihm zu verweilen, steht schon im *Tor* zum Eigentlichen drin. Aber hier ist er aufs Höchste gefährdet: denn nun ist die Frage, ob er die Flamme entführen oder sich von ihr verbrennen lassen, wird. Erst wer bereit ist und gelernt hat, zu wagen, in ihr und mit ihr zu verschmelzen, hat die Chance, ein Neuer zu werden. So bringt diese Erfahrung der Einswerdung erst die Möglichkeit des *Hindurchschreitens* und eines neuen Anfangs. Wer einmal die Einheit wirklich *geschmeckt* hat, hat ein neues Gewissen, hat Antrieb und Maßstab im Wesen und ist mündig geworden zum *Weg*. Und doch bedarf auch er, weil er ein Mensch ist, noch weiterhin der Behütung; denn allzuleicht verliert sich auch der schon vom Licht Angerührte wieder im Dunkel der Gegensätze oder mißbraucht die Kraft aus dem übernatürlichen Licht im Dienste des Schlangengebärers, d.h. seines kleineren Ichs.

*

Für die drei Aufgaben: Lehren zu fühlen, Lehren zu verweilen und Lehren zu verschmelzen, öffnet dem Führenden jeder Suchende, der ihn anruft, neue Mittel und Wege. Doch einige sind immer gültig. Das Wichtigste bleibt: Das *Vorbild und die von ihm ausgehende Strahlung.*
Nur in dem Maße und insofern der Führende selbst *Spiegel, Medium* und *Organ* des Lichtes ist, kann jeweils gemäß der Stufe des anderen in diesem sich ein Funke entzünden, der ihn zum nächsten Schritte hin aufschließt. Das ist für uns Menschen alle und auch noch für den gereiftesten Lehrer eine sehr harte Forderung. Und doch hat schon der Anfänger unter den Lehrern, vorausgesetzt, *daß* er vom übernatürlichen Lichte berührt ist – in dem Maße, als er es *ernst* nimmt, sich innerlich zu ihm *hinspannt,* sich von ihm her in *Form* hält und gelernt hat, ohne Angst den Augenblick wahrzunehmen, in dem er voll *in der Kraft* steht –, die Chance des rechten Blicks, des rechten Tons und der rechten Gebärde, daraus zur rechten Stunde der Funke überspringen und im anderen am Zündstoff seiner eigenen Leidens- und Glückserfahrungen das übernatürliche Licht entzündet werden kann.

*

Das Zweite ist: Das Ernst- und Wahr-Nehmenlehren der Augenblicke, in denen der Mensch vom übernatürlichen Lichte berührt ward, d.h. sich in einer Verfassung und *Haltung* befand, in der er – vielleicht nur für den Bruchteil einer Sekunde – im Dasein das Sein, im Spiegel seines Selbstes das Wesen erfuhr.

Es gibt in jedem Menschen unverlöschliche Augenblicke des vergangenen Lebens, in denen das «Wesen» ihn ansprach und er das unvergleichbar Eine erlebte, es aber bislang nur nach Weise seines natürlichen Bewußtseins bewertete und dadurch vertrat. So, wenn er eine echte Wesenserfahrung lediglich als eine «ungewöhnliche Stimmung», als «Augenblick des Außersichseins» oder auch nur als etwas «besonders Schönes» festhielt, oder schlimmer noch: in irgendeinem Sinne begrifflich oder theoretisch einordnete und «verstand». Denn so wird dem da Erfahrenen seine unvergleichbare Besonderheit geraubt. Das «Wunderbare», das da erfahren wurde – kein äußeres Wunder ist gemeint – wird der Ordnung des natürlichen Bewußtseins einverleibt und sei es auch auf besonderem Platz. So aber wird es in einer Weise «erkannt», die die besondere Qualität und den Sinn eines Erlebens zunichte macht, das von einer ganz anderen Dimension zeugt. Die besondere Qualität solchen Erlebens besagt etwas über die *Teilhabe des Menschen am größeren Leben,* und es hängt für sein Heil davon ab, daß ihm das alles aufgeht.

Der Mensch muß lernen, hindurchzustoßen durch die «Hülle», d.h. durch die Erkenntnisform und die alles eingemeindende Erkenntnisordnung seines gewöhnlichen Bewußtseins. Er muß bereit werden, die spezifische Bedeutsamkeitsqualität des Erfahrenen als solche zuzulassen, ernst- und wahr-zunehmen. Er muß es lernen, das in einer Weise zu tun, in der er sich nicht aufs Neue von ihr absetzt, sondern immer mehr mit ihr verschmilzt. Er muß lernen, das Erfahrene in einer total anderen Bewußtseinshaltung, d.i. eben aus dem Überbewußtsein heraus, zu «erkennen», und muß lernen, der Versuchung zu widerstehen, es mit seinem gewöhnlichen Bewußtsein «begreifen» zu wollen. Es

geht ja darum, das erfahrene Sein und Wesen als solches
« inne » werden zu lassen. Dieses aber bedeutet immer, daß
da nicht nur mit Bezug auf das Erkannte, sondern ebenso
mit Bezug auf den Erkennenden, etwas ganz Neues herauf-
zieht. Ein neues Subjekt wird geboren, und es gehört zum
Besonderen und Geheimnisvollen des hier einsetzenden
Überbewußtseins, daß in ihm Objekt und Subjekt nicht
nur in besonderer Weise zusammenfallen, sondern auch zusammen *bleiben,* so, daß das Subjekt nicht mehr «autonom»
von sich aus zu leben wähnt, sondern gleichsam *pathisch*
«von woanders her» existiert.

*

Das Erleben der eigentlichen «höheren» Wirklichkeit ist
nicht an bestimmte Inhalte oder Bilder gebunden, die in der
gewöhnlichen Bewußtseinsordnung die Bedeutung von etwas Tiefem, Besonderem, wo gar Religiösem haben, sondern
es kann sich mit jedem beliebigen Erlebnis «inhalt» verbinden. Das gilt auch für die Traumdeutung. «Derselbe» Inhalt – z. B. das Bild eines bestimmten Archetyps – kann das
eine Mal in einem Sinne und in einer Qualität erlebt werden, die es erlaubt, es der Bewußtseinsordnung anzuschlie-
ßen und diese dadurch in einer für den betreffenden Menschen auch höchst bedeutsamen Weise zu erhellen. In einem
anderen Falle aber kann «dasselbe» Bild im Glanz einer
Qualität erlebt werden, die solches Tun schlechtweg ver-
bietet – denn es war im Erleben der Widerschein des großen
Einen. Dieses aber kann im Traum und auch im Wachen
wie an den gewichtigsten Bildern so auch an Inhalten er-
glänzen, die in der Ordnung des Bewußtseins ohne Gewicht
sind. Es liegt m. a. W. überhaupt nicht am Inhalt, nicht an
bestimmten Bildern, die da auftauchen, sondern allein an
der «Verfassung», in der sie erlebt werden. In einer ganz bestimmten Haltung haben, bzw. gewinnen *alle* Inhalte des

Bewußtseins eine Transparenz auf das *Sein*. Andrerseits besagt das Auftauchen auch des bedeutsamsten Bildes oder Symbols an sich *nichts* darüber, ob da etwas *Wesenhaftes* als *Erfahrung* dahinter steht oder nicht. Das eingeborene überzeitliche *Wesen* und das in ihm lebende Sein ist als Wirklichkeit, Erfahrung und Apriori unseres Erlebens etwas grundsätzlich anderes als das im «kollektiv Unbewußten» lebende, in der Zeit gewordene «Erbe der Menschheit».

*

«Aufgehenlassen des übernatürlichen Lichtes» bedeutet auch Innewerdenlassen der *Haltung* und der Verfassung, in der allein das Sein aufblitzt, bzw. in die es, wenn es über uns kommt, uns versetzt und verwandelt. Sofern der Mensch etwas dazutun kann, sich für die *Große Erfahrung* zu bereiten, schließt dies immer auch die *Übung* der Haltung ein, in der das Sein «erfahren», d.h. im Augenblick *erlebt,* im Verweilen *ertragen* und im Einswerden *angenommen* werden kann. Es gibt Haltungen, die Wesens- und Seinserfahrungen schlechtweg blockieren, andere, die sie begünstigen. Der Osten weiß viel davon. Der Westen hat einmal viel davon gewußt und muß es wieder lernen.

*

Jede *Übung,* die den Sinn hat, den Menschen für das übernatürliche Licht aufzuschließen, ist ein *Exercitium ad integrum.* Sie räumt auf und schmilzt ein, was dem Aufgehen des Seins im Dasein, des Wesens im Selbst im Wege steht und fördert, was ihm den Weg bereitet. So entmachtet sie vor allem im Menschen das Zentrum des kleinen *Ichs,* die auf dieses bezogene «Biographie» und die nur ihm dienende geistige Ordnung und gibt dem im Überraumzeitlichen atmenden und an keiner Form Genüge findenden Wesen die Ehre. Es gibt zahlreiche Übungen, Exercitien, die den

Menschen fortschreitend für die Wesenserfahrung bereit machen und läutern. Immer stehen am Anfang: Übungen zur entspannten Reglosigkeit des Leibes, Übungen zur Meisterung des Atmens und Übungen zur Gewinnung der Mitte*. Sie alle sind keineswegs nur für den Menschen des Ostens bestimmt. Es ist ein beachtenswertes Zeichen für die Hybris europäischer Geistigkeit, wenn immer noch geglaubt wird, es gäbe echte Wandlungen ohne Wandlung im Seelen*leib* und also auch echte Seelenführung ohne Beachtung und Neuorientierung der seelen*leiblichen* Grundfunktionen.

*

Es ist zweierlei, ob ein Mensch es lernt, sich für den Augenblick einer Seinserfahrung zu *öffnen* oder aber geöffnet in ihr zu *verweilen*. Zunächst scheint es, als käme vom Verweilen in der Haltung, in der der Mensch aus seinem gewohnten Bewußtseinszentrum heraus und in die Ordnung eines Höheren eintritt, alles in ein Durcheinander. Jedenfalls entsteht ein Wanken, das höchst ungemütlich ist. Da kommt es auf ein bestimmtes Durchhalten an, dessen Frucht dann das genaue Gegenteil des zunächst Befürchteten ist.
Der Mensch muß sich befreien von dem heilswidrigen Zwang – kaum daß das Eigentliche ihn berührt –, vor ihm in sein wohlvertrautes Ich-Gehäuse zu entweichen. Es bedarf freilich der Übung, das Heimliche und Gewohnte dem Ungewohnten und Unheimlichen, das jeder echten Seinserfahrung zunächst einmal anhaftet, aufzuopfern. Es bedarf auch der Übung, den *advocatus diaboli,* der mit großer Beredtheit alsbald seine Stimme erhebt, um die Weltwidrigkeit der wesenhaften Haltung und die Haltlosigkeit des in ihr Erfahrenen darzutun, nicht etwa zu bekämpfen, sondern lächelnd zu überhören. Aber je weiter man fortschreitet in der Kunst des Verweilens, desto mehr erfährt man, wie der

---

* Vgl. «Japan und die Kultur der Stille». S. 27ff.

durchdringende Strahl des übernatürlichen Lichtes tief im Innern aufräumt und ordnet, Verknotungen löst und frucht, bar macht, d.h. nicht analytisch «auflöst», sondern schöp, ferisch «einlöst», und *darauf* kommt es an! Der Mensch, der es allmählich lernt, die Lichtaugenblicke seines Lebens nicht nur ernst und wahr zu nehmen, sondern auch in ihnen zu verweilen, gewinnt bald eine andere Erkenntniskraft für den Sinn seines Leidens. Aber mehr noch: Er erweckt ein Organ, das seinen irdischen Schicksalsleib von einem tiefe, ren Zentrum her neu ordnet.

Das Zulassen der totalen Eigenqualität und des Eigensinnes von Seinserfahrungen erzeugt, wenn es tief genug geht, eine Revolution im Unbewußten, die die Gewichte im Sinne des Heilsweges zurechtrückt, und der Mensch wird von je, ner natürlichen Krankheit der Seele befreit, in der er das *Eigentliche* seines Lebens, die Wahrheit aus dem Wesen, den Tatsachen und Ordnungen seines gegenständlich fixieren, den Bewußtseins in naiver Selbstherrlichkeit aufopfert.

*

Das «Einswerdenlassen» (Lehren zu verschmelzen) knüpft an an gewisse Erfahrungen, die unser ganzes Leben durch, ziehn, in besonderer Weise aber dem *Liebenden,* dem *Schaf, fenden* und dem *Erkennenden* in ihrem Seinsgehalt aufzuge, hen vermögen. Erfahrungen der Einswerdung voraufgegan, gener Gegensätze macht jeder Mensch, aber das dabei im *Grunde* Erfahrene geht ihm nicht *auf* und geht nicht weiter, wirkend in ihn *ein.* Dazu bedarf es eines Herumlegens des Steuers, so daß nicht erst das für den Menschen relevant wird, was z.B. bei einem Erkennen in der glückhaft durch, lebten Einswerdung von Ich und Gegenstand «heraus, kommt», sondern das, was in ihr selbst aufklingt. Angefan, gen mit der im echten Erkennen oder Lieben vorsichgehen, den Einklammerung oder Aufhebung der so natürlichen

Ich-Gegenstandsspaltung bis hin zur *coincidentia oppositorum* in allen Bereichen des Geistes kann da der Mensch jene übergegensätzliche Einheit des Seins im *Wesen* erfahren, die aller Spaltung im *Bewußtsein* voraufgeht und sie auch wieder aufhebt und deren Aufgehen in ihm den erschütternden Anfang des Neuwerdens kennzeichnet.

*

Auf dem Wege echter Seelenführung geht es nicht darum, irgendwelche übernatürliche Fähigkeiten zu erwecken oder Fertigkeiten zu entwickeln, kraft derer der Mensch dann in der Welt mehr *leistet* als vorher. Wenn die Leistungskraft des Menschen sich in dieser oder jener Richtung erhöht, so ist das ein hinzukommendes Ergebnis, nicht aber der Sinn der Übung oder Führung. Das gleiche gilt auch für die Frage, ob ein Mensch sicherer als vorher «in der Welt» steht. Er wird es tun, wenn er in der rechten Weise auf dem Wege des Exercitiums voranschreitet, aber das ist nicht der *Sinn* der Übung. Der Sinn ist vielmehr ganz ausschließlich das Voranschreiten auf dem Wege des *Heils,* das Reifwerden und Aufgehen der im Menschen angelegten Frucht seines Lebens: Daß in seinem Dasein das Sein, im psychophysischen Gefäß seines Selbstes sein überraumzeitliches Wesen offenbar werde. In dem Maße als ihm das gelingt, wird es sich im *Glanz* seines Erlebens, in der *Gelassenheit* seiner Verfassung und in der schöpferisch-erlösenden *Kraft* all seines Handelns erweisen.

*

Der «Therapeut», der sich zu einer Seelenführung in dem hier angedeuteten Sinne bekennt, setzt sich mancherlei Angriffen aus. Die Wissenschaftler, wofern sie nicht selber vom Lichte berührt sind, werden ihn als einen Hochstapler verleumden, die Theologen, wofern sie nicht selber im Lichte gestanden, ihn einen Verführer nennen und vor ihm warnen. Wo aber Wissenschaftler oder Theologen selbst das Gemeinte erfuhren, hat er in ihnen seine besten Verbündeten. Denn der innere Weg zum Licht bedarf, wenn er nicht in zuchtlosem Geschwelge oder geistiger Verwirrung enden soll, auch der *intellektuellen Redlichkeit* und sauberen Systematik, vor allem aber der unbestechlichen «empirischen» Wachheit, die die große Wissenschaft uns vorbildete. Zum anderen bedarf der innere Weg Schritt um Schritt eines *Glaubens* in das erschauernd Geahnte, wie er dem vom übernatürlichen Lichte berührten Gottesmann im Unterschiede zu jenem Typ von Theologen eignet, die, weil sie es nicht *erfuhren,* den *Offenbarungsglauben* so auslegen, daß ihm der *Erfahrungsglaube* widerspricht, oder zumindest gefährlich sein muß. Doch – auch dieses sei kurz gesagt – der dem Menschen zur Übung und Läuterung aufgegebene Weg, auf dem auch echte Seelenführung voranschreitet, greift dem priesterlichen Tun im eigentlichen Sinn nicht vor; denn er bewegt sich im *vor*theologischen Raum der im Wesen des Menschen angelegten Frömmigkeit. Das Ausschreiten dieses Raumes führt aber in jene Tiefen, in denen sich die Weisen und Mystiker aller Zeiten und Zonen über die Unterschiede von Rassen und überliefertem Glauben hinweg verstehen – denn die Wirklichkeit des Seins und die sie spiegelnde Wahrheit aus dem Wesen ist eben nur *eine,* eben die Spiegelung *des* «Einen».

MENSCHLICHES REIFEN IN PSYCHO
LOGISCHER UND RELIGIÖSER SICHT

Im Raume des Christentums lebt der Mensch in der Spannung von Glauben und Wissen. Er lebt im Raume seiner
Religion im Zeichen einer Wirklichkeit, die sich ihm im
Glauben an Gott, Christus und den Heiligen Geist erschließt. Diese Wirklichkeit gründet auf der uns in der Heiligen Schrift überlieferten Offenbarung. Dem Reich der
übernatürlichen Offenbarung steht gegenüber die Welt der *natürlichen Erfahrung*. In ihr lebt der Mensch im Gefüge derjenigen Wirklichkeit, die er auf der Grundlage seiner fünf
Sinne, seiner Ratio und der Wertordnungen seiner Vernunft
kennt, anerkennt und in gewissem Ausmaße auch meistert.
So stehen einander gegenüber Glaube und Wissen, Offenbarung und Erfahrung, das Übernatürliche und das Natürliche, das Unbegreifbare und das Begreifbare und im Mittelpunkt: Gott oder der Mensch. Es gibt aber noch eine andere Dimension des Wirklichen: die Dimension der *übernatürlichen,* d.h. *offenbarenden Erfahrung.* Es ist dies der vortheologische Raum jener natürlichen Religiosität, mit Bezug
auf deren wirklichen Erfahrungsgehalt, die Auffassung in
den Bildern und Begriffen einer bestimmten Religion eine
Interpretation, bzw. Sinngebung von woandersher ist. Diese
Dimension der aller Interpretation voraufgehenden Erfahrung eines alle natürlichen Bewußtseinsordnungen übergreifenden *Seins* erledigt sich keineswegs dadurch, daß ein
Mensch einerseits in seinem Wissen und andererseits in seinem Glauben verankert ist. Sie behält vielmehr unaufhebbar ihre eigene Würde und Bedeutung, und zwar vor allem

deshalb, weil es *die* Wirklichkeits-Erfahrung ist, in der der
Mensch im eigentlichen Sinne *reift*. Das nicht Ernstnehmen
und nicht Wahr-Nehmen dieser Dimension ist mit schuld
daran, daß es den Menschen des Westens so weithin an
Reife gebricht.

Die Völker des Ostens haben den Glauben in unserem
Sinne nicht. Andrerseits wissen sie von altersher, daß die
vom Menschen begriffene und anscheinend gemeisterte
Wirklichkeit nicht die eigentliche sein kann, geschweige
denn die, in der er seine seelische Erfüllung und Erlösung
finden kann. So steht seit jeher im Mittelpunkt ihres Sinnens
und Trachtens die Beheimatung der Seele in jenem Sein,
das sich nur der übernatürlichen, von der Ratio geläuterten
Erfahrung erschließt. Das Sinnbild der darin möglichen
Reife ist der *Weise*.

Der Weise ist gelassen im Ungemach der Welt, heiter inmitten von Unsinn und Ungerechtigkeit und liebend in
aller Verlassenheit. Warum aber kann der Weise weise sein?
Weil er die *Erfahrung* einer ganz anderen Wirklichkeit in
sich trägt als der gewöhnliche, der unreife Mensch, der das
von ihm begreifbare Leben noch für das wirkliche hält. Der
Weise steht auf einem anderen Grund, auf dem ihn die Gefährlichkeit des Daseins sowenig wie sein Widersinn und
seine Grausamkeit erreicht und von dem aus er gerade *im*
Tode das Leben, *im* Unsinn den Sinn und *in* der Verlassenheit die bergende Einheit eines größeren Lebens erfährt und
bekundet. Der Weise *lebt* zwar wie der gewöhnliche Mensch
auch mit seinen fünf Sinnen, seinem Verstand und seiner
Vernunft im raumzeitlichen Dasein und seiner menschlichen Ordnung, aber er *existiert* aus dem überraumzeitlichen
Sein, das das Dasein übergreift, durchwaltet und in Wahrheit auch ausmacht. Er befindet sich in einer Verfassung, die
von Grund auf nicht im Gegenstand setzenden *Ich*, sondern
in dem zentriert ist, was wir das «*Wesen*» nennen können,

wobei wir unter «Wesen» die individuelle Weise verstehen, in der sich im Dasein des Menschen und seinem kleinen Leben das Sein als das größere Leben verkörpert und offenbart. Der Lebens-Sinn des Gereiften, des Weisen, erfüllt sich nicht in der von ihm als der natürlichen Persönlichkeit rational begriffenen, wertmäßig geordneten und planvoll gemeisterten *Welt*, sondern auf dem *Weg* in die Einswerdung seiner Persönlichkeit mit dem von ihm erfahrenen und als Erfahrung ernstgenommenen übernatürlichen Wesen und Sein. So gibt es also dreierlei Entwicklung des Menschen: Die Entwicklung als Sinnen-, Verstandes- und Vernunftswesen. Auf ihrem Gipfel steht die Persönlichkeit, die sich im Subjekt-Objektverhältnis zur Welt, in ihren Gemeinschaften und in den von ihr erkannten oder geschaffenen Ordnungen, Werten und Gebilden bewährt. Zweitens gibt es eine Entwicklung des Menschen, im echten, d.h. im verwandelnden Glauben. Die entscheidende Voraussetzung dieser Entwicklung ist die Abkehr von der Selbstherrlichkeit, die Hingabe des «natürlichen» Geistes und die Neugeburt aus dem Heiligen Geist. Es gibt drittens und keineswegs nur für den Osten allein eine Entwicklung, die mit dem Ernstnehmen von Wesens- und Seinserfahrungen beginnt und im verwandelten Menschen gipfelt, der aus dem Sein heraus existiert und sich aus ihm heraus in der Welt als ein Gereifter bewährt. Also: Die Entwicklung vom Kind zum selbständigen Erwachsenen; die Entwicklung vom selbstherrlichen Menschen zum gläubigen Kind Gottes und die Entwicklung von dem gerade in seiner vermeintlichen Selbständigkeit Unmündigen und Unreifen zu dem in Seinserfahrungen Gereiften. Die drei Entwicklungen schließen einander nicht aus, sondern weisen aufeinander hin, und je nachdem kann der Glaube auch das Tor zu verwandelnden Seinserfahrungen aufschließen oder aber diese ein verschüttetes Tor in den Glauben neu öffnen.

Das Ernstnehmen von Seins- und Wesenserfahrungen bei sich selbst und bei anderen bedarf einer anderen Sicht als der psychologischen. Psychologisches Denken nimmt den Menschen als eine greifbare, verstehbare Resultante seiner angeborenen psychophysischen Konstitution und seiner Lebensgeschichte, seiner Biographie und stellt sein gegenständliches Denken, seine ganze im Schema « Subjekt-Objekt » gefügte und ablaufende Bewußtseinsordnung ebenso wenig in Frage wie das natürliche Streben des Menschen nach Sicherheit, Ordnung und Erfüllung in dieser Welt. Die metapsychologische, bzw. religiöse Sicht, die auf das Ausschreiten der in der natürlichen Frömmigkeit liegenden Möglichkeiten aus ist, nimmt den Menschen nicht primär als die Resultante raumzeitlicher Bedingtheiten (Entwicklung seiner angeborenen Anlagen und Biographie), sondern im Hinblick auf sein eingeborenes Wesen, das von woanders her ist. Vom Wesen her gesehen ist die raumzeitliche Wirklichkeit und ihre menschliche Ordnung nicht schon die wahre Wirklichkeit, sondern wie der ganze Umkreis unseres natürlichen, d. h. gegen-ständlichen Bewußtseins nur Erscheinungsfeld oder Verhüllung der eigentlichen. Diese Sicht sieht in dem für uns Menschen nun einmal kennzeichnenden Widerspruch zwischen unserem natürlichen Bewußtsein (einschließlich des natürlichen Unbewußten) und unserem übernatürlichen Grund (der im übernatürlichen, pneumatischen Bewußtsein aufgehen kann) die Grundspannung unseres Lebens, die sowenig wie andere Spannungen aufzulösen, sondern einzulösen ist. Die Frucht dieser Einlösung ist die eigentliche Reife.

Die Wirklichkeit unseres natürlichen Bewußtseins hat ihre Verankerung im *Ich*. Mit dem Wort «Ich» ist dabei nicht mehr aber auch nicht weniger begriffen als das auf dem Bewußtsein der Identität mit sich selbst gegründete Prinzip Gegen-Stand setzenden Erkennens und Begreifens. Dieses

Ich verneinen oder gar vernichten zu wollen, ist sinnlos. Es unterscheidet den Menschen vom Tier und bildet die Grund/lage aller menschlichen Entwicklung, die ihn als Menschen zum Träger geistiger Bezüge, zum Überwinder seiner Trieb/haftigkeit und zum Schöpfer einer Welt gestalteter Gebilde macht, in der er als selbst/ständige Persönlichkeit wissend und handelnd Herr im Hause ist. Und doch ist dieses Ich auch das Prinzip der großen Entzweiung. An ihm bricht die Einheit des Grundes entzwei. In der Bewußtseinsform des Ichs tritt sie auseinander in die Gegensätze von Subjekt und Objekt, Hier und Dort, Vorher und Nachher, Ver/gehen und Bleiben, Sinn und Unsinn, Leben und Tod. So sehr es nun das Schicksal des Menschen ist, die auf diesem Ich sich gründende Persönlichkeits/Welt zu entfalten, so wenig erschöpft sich die Möglichkeit seines *inneren* Werdens in ihr. In aller Getrenntheit hat der Mensch ja mit seinem Wesen bleibend teil an der Einheit des Grundes, d. h. an der Wirklichkeit des übergegensätzlichen Seins, das in seinem Wesen verkörpert und auch erfahrbar ist. Aus dieser blei/benden Teilhabe im Wesen wächst jene unstillbare Sehn/sucht des Menschen, deren Erfüllung nur in einer Neugeburt und Verwandlung aus dem «Wesen» heraus möglich ist, kraft derer er dann, auch innerhalb seiner Grundgestimmt/heit, seines Liebens und Schaffens in der Persönlichkeits/welt Zeuge werden kann des «ganz anderen» in ihm.

Ein Ich und eine selbständige Persönlichkeit zu werden ge/hört zum Weg des Menschen. Er ist aber nicht seine letzte Bestimmung. Darin wurzelt die Tragik des menschlichen, zwangsläufig erst in die Ich/Ordnung mündenden Lebens. Im Ungenügen, bzw. Scheitern an dieser Ordnung liegt aber zugleich auch die Chance menschlichen Lebens. Die im gegenständlichen Bewußtsein liegende «Sonderung» wirft den ichverankerten Menschen aus der Einheit des Le/bens heraus und bringt dadurch das spezifisch menschliche

Leiden am Leben hervor. In diesem Leiden aber erwacht auch die Sehnsucht, sich der Einheit des Lebens, d. h. des göttlichen Grundes innezuwerden und sich wieder in ihm zu beheimaten. In der im Ich zentrierten Form des bewußten Erlebens verbirgt sich das lebendige Sein. In der Endlichkeit der vom Ich gemeisterten Welt verdunkelt das Unendliche sich; denn in der Helle seines gegenständlichen Bewußtseins schaut der Mensch es so wenig wie am Tage die Sterne. Aber eben in der Not dieser Dunkelheit wartet in uns das übernatürliche Licht. Und so führt der Weg der Bestimmung des Menschen durch das Dunkel seines gegenständlichen Bewußtseins in die Lichtfülle des pneumatischen Bewußtseins. Dem Menschen zu und auf diesem Wege zu helfen, ist die Aufgabe geistlicher Führung. Es ist der Weg des inneren Reifens, der Einweihungsweg der Seele. Auf ihm muß der Mensch lernen, die Not aus der Verstrickung zu überwinden, in die er durch den ausschließlichen Erkenntnisanspruch seines gegenständlichen Bewußtseins geriet. Er muß lernen, Erfahrungen, die das Vermögen seines gegenständlichen Bewußtseins überschreiten, so ernstzunehmen, daß sie zur Umkehr und Verwandlung aus dem Wesen führen.

Auf diesem Wege des wahren Reifens hat der Mensch den natürlichen Widerstand nicht nur seines «kleinen» Ichs zu überwinden, das nach Sicherheit, Besitz, Geltung und Macht strebt. Dieses Ich ist nur der kleine Sünder. Der große Sünder ist der, der ihm erlaubt, die Bewußtseinsform seines Ichs, in der er sich in der Welt zurechtfindet, als die allein erkenntnisbringende zu nehmen. Dann wird das Ich zum großen Entzweier und Sonderer. Denn die Alleinherrschaft des die Wirklichkeit nur als «Gegenstand» ernstnehmenden Bewußtseins verlegt den Weg zum Ernstnehmen von Erfahrungen, in denen *die* Wirklichkeit «geschmeckt» wird, die jenseits aller in diesem Bewußtsein legitimierten Gegensätze ist. Von diesen Erfahrungen her kann auch erst die gegenständlich und gegensätzlich begriffene Welt des natürlichen Bewußtseins transparent werden auf das sich auch in ihr bekundende Sein.

Der Mensch bedarf des die Welt als Gegenstand nehmenden Ichs, um in menschlicher Weise in der Welt leben zu können. Aber es wird zum großen Verführer und zum Irrlicht, wo der Mensch in seiner Sicht auch nach dem *Sinn* sucht. Wo der Mensch sich im Wahn seiner die Welt als Gegenstand meisternden Selbst-Ständigkeit auf dem Gipfel seiner Entfaltung wähnt, ist er der Wahrheit des Lebens am fernsten. Der Sinn des eigentlichen Reifens nun ist es, den Wahn dieser Selbst-Ständigkeit, d. h. das Pseudoselbst zu überwinden und das wahre Selbst zu entwickeln, in dem der Mensch aus dem Wesen heraus, d. h. als Zeuge und Diener des in ihm verkörperten größeren Lebens, in steter Verwandlung zu leben und aus Freiheit zu handeln vermag. Ihn zu diesem Weg freizumachen und auf diesem Weg zu geleiten ist die Aufgabe echter Menschenführung und frommer Erziehung.

Dem Sinn des eigentlichen Reifens sich zu öffnen, wird der Mensch bereit, wenn er die Grenze seiner natürlichen Möglichkeit spürt. Es gibt so etwas wie den uneingestandenen Zweifel daran, daß man innerlich richtig liegt, innerlich auf dem rechten Weg ist. Oft auch beschleichen gerade den Menschen, der sich auf dem Gipfel seiner vermeintlichen Autonomie fühlt, unbegreifliche Gefühle der Angst, der Schuld und der Leere. In ihnen meldet sich mahnend das von einem nur gegenstandsmächtigen aber entwurzelten und nicht in die Wahrheit führenden Bewußtsein überspielte, getrübte und veruntreute Sein. Der Mensch muß lernen, auf dieses Mahnen zu horchen – und dazu bedarf es meist der wissenden Führung – und sich dem Drängen aus der Tiefe zu öffnen und den Schleier zu erkennen, den seine Unterscheidung und Fixierung der Dinge über die Wahrheit legt. Dann kann er vielleicht in der Einswerdung mit seinem Wesen und in der Bindung an den wahren Herrn seiner Tiefe einmal jene Freiheit in der Welt gewinnen, nach der er sich sehnt und die zu gewinnen er sich so lange auf Irrwegen müht, als er Sinn und Bestimmung menschlichen Lebens mit *den* Mitteln, d. h. in der Verfassung und Bewußtseinsform suchte, die sie ihm gerade verhüllten.

Reifen bedeutet in allen Bezirken des Lebens Frucht bringen können. Immer hat dies die Verschmelzung zueinander findender Pole zur Voraussetzung. Mann und Frau müssen ineinander eingehen, damit ein Kind werden kann. Der Mensch muß sein nur das Seine suchende Ich drangeben können, damit ein Werk werden kann, und ebenso muß er es einem Du hingeben können, damit Gemeinschaft sein kann. Alles Neuwerden hat ein Eingehen des Gewordenen zur Voraussetzung. Die Reife aber, um die es letzten Endes geht und deren Frucht der neugeborene und dann der verwandelte Mensch ist, hat die Verschmelzung des eigenmächtigen Selbstes mit dem Wesen zur Voraussetzung. Dieses Einswerden des Menschen mit seinem Grund, darin dann das Wesen im wahren Selbst, das Sein im Dasein aufgehen kann, ist die Achse, um die sich alles dreht. Irgendeinmal also muß der Mensch, der sich voll zu seiner natürlichen Selbst-Ständigkeit entfaltete, hellhörig und empfänglich werden für den Ruf aus dem Wesen, sich im Verschmelzen und Einswerden mit ihm als ein neuer entdecken und als ein Neugeborener von vorne beginnen. Dazu aber bedarf es eines großen Sterbens. Es bedarf insbesondere des Ein-Gehens des falschen Selbstgefühls mit seiner ganzen Selbstherrlichkeit, so gesichert, in sich vollendet und selbstgenügsam sie auch erscheinen mag. Der Durchbruch zum Wesen, dessen Nichtendlichkeit nie in der Verlängerung endlichen, d. h. gegenständlichen Denkens gefunden wer-

den kann, weil sie senkrecht zu ihm steht, ist der Kardinal
punkt, d. h. die Achse wahrhaft menschlichen Werdens.

Die «Große Erfahrung»*, in der das übernatürliche Licht
endgültig aufgeht, meldet sich schon in tausend kleinen
Lichtaugenblicken unseres Lebens. Aber fehlt alle Füh
rung, bzw. das Wissen um ihre ernstzunehmende Bedeu
tung, so werden sie ganz selbstverständlich, d. h. dem Selbst
verständlich, eingeordnet und damit umgemünzt. Und
doch können wir uns schon in solchen, der endgültigen Er
leuchtung vorlaufenden Erfahrungen des übergegensätzli
chen Seinsgrundes in uns innewerden, der als das größere
Leben auch den Tod unseres kleinen umfaßt, als die Große
Ordnung jenseits von Sinn und Unsinn ist und als die le
bendige Einheit des Seins jenseits von dem ist, was wir in
unserer gewöhnlichen Verfassung als Geborgenheit oder
Verlassenheit erleben.

Immer ist die Voraussetzung für die Möglichkeit wie für das
Ernstnehmen von Erfahrungen, in denen der übergegen
sätzliche Grund aufklingt, daß wir in unserer natürlichen
Bewußtseinsform Ungenügen empfinden, bzw. scheitern.
So liegt auch der Hauptwiderstand gegen diese Erfahrung
in der eingespielten und noch nicht in Frage gestellten Ver
fassung des natürlichen Ich-Selbstes. Sie ist es, die das We
sen verbirgt, wie sie auch den Weg zu ihm in verschiedener
Weise verlegt.

In drei typischen Formen tritt uns die eingespielte Verfassung
des Selbstes, die die Verwandlung verhindert, entgegen:
Als Verhärtung im Ich-Gehäuse, als gehäuselose Entgrenzt
heit und als falsche Harmonie. In jedem von uns wirken
alle drei Weisen zusammen, und doch wiegt in jedem, sei
es auf Grund seiner Eigenart, auf Grund seiner Biographie
oder einer Entwicklungsphase, bald diese, bald jene Form
vor.

---

* Vgl.: «Im Zeichen der Großen Erfahrung», O. W. Barth-Verlag, 1950

Der in seinem Ich-Gehäuse erstarrte und festsitzende Mensch, der sich undurchlässig gegen jeden Einbruch und jede Verwandlung vom Wesen her zur Wehr setzt, ist die Regel. Ihm hilft nichts anderes auf den Weg, als daß die selbstgenügsame Form seines Lebens einmal gründlich zerschlagen wird und in der Götterdämmerung des Ichs erstmals Hingabe möglich wird. Dieser Mensch erlebt die Begegnung mit dem eigenen Wesen, wenn sie ihm jemals zuteil wird, als eine beglückende *Entgrenzung,* in der sich ihm die ungeahnte Weite des Lebens erschließt und die Fülle des Seins sich auftut, die ihn von Grund auf erneuert. Um sich für die Seinserfahrung zu bereiten, muß dieser Mensch vor allem lernen, Selbsthingabe zu üben und im Dienste an Mitmensch und Werk sein Ich fallen zu lassen.

Der zweite Typus ist dem ersten genau entgegengesetzt. Er leidet nicht die Not am Gehäuse, sondern die Not des Menschen, der es nie zu einem Gehäuse gebracht hat. Er leidet die Qual der Entgrenzten. Dieser Mensch muß, um leben zu können, sein Gehäuse erst finden. Er bedarf der gefügten Ordnung, die das Erfahrene auffängt und in geordneter Ganzheit verbindet. Er bedarf des Gehäuses nicht nur, um in der Welt zu bestehen, sondern auch um die Mächte des Seins, die unendlichen, in seiner Endlichkeit fruchtbar machen zu können. Zu Unrecht sieht man daher in der sich wahrenden Form eines Menschen immer nur die Gefahr der Verhärtung. Sie ist oft von kindauf das Gefäß, das den Menschen befähigt, das Geheimnis seines innersten Kerns zu behüten. Das Gehäuse ist nicht nur die den Menschen in der Welt schützende *Burg,* sondern auch der *Schrein,* der seine heilige Mitte behütet. Der Mensch ohne Gehäuse hat nicht zu viel, sondern zu wenig Ich ausgebildet, und wie der Ich-Mensch abgeriegelt ist nach außen und innen, so ist der ichlose den Mächten von außen und innen ganz ausgeliefert. Sie dringen dann mit zerstörender Gewalt in ihn ein,

und er kann nicht bestehen; oder sie beschenken ihn über-
reich, und er kann sein Geschenk nicht halten und geht immer leer aus. Es sind die Menschen mit den traurigen Augen. Sie müssen lernen, sich zu härten und Form zu gewinnen. Kommt es bei ihnen zur Begegnung mit dem Wesen,
dann fühlen sie mit Beglückung erstmalig ihren überzeitlichen *Kern*. Während der Ich-Mensch sich in der Wesenserfahrung zum Geöffneten und Liebenden hin verwandelt,
so findet der ichlose Mensch in ihr erstmalig wirklich zu
einer geschlossenen und haltbaren, weil aus dem Wesen
heraus aufblühenden Form. Nun gibt es aber noch eine
dritte Form des eingespielten Ich-Selbstes, deren Wider-
spenstigkeit gegen das Wesen so oft übersehen wird, weil
sie «harmonisch» ist, die Form des Harmonikers.
Der *Harmoniker* ist weder in einem leidbringenden Gehäuse
verhärtet, noch leidet er die Qual der Entgrenzten. Er ist
weder verkrampft noch aufgelöst, sondern anpassungsfähig
spielt er sich jeweils auf die gegebene Situation ein und immer so, daß es für ihn und andere angenehm ist. Er versteht
es, die Wohligkeit seiner inneren Lage gegen jeden Einbruch von innen und außen elastisch zu schirmen, und weil
er in der Welt niemals anstößt, nimmt er auch keinen Anstoß an sich selbst. Aber seine Gelöstheit und Hingabefähig-
keit entbehrt des Herzens. Er ist liebenswürdig, aber unver-
bindlich und ohne Liebe; er gibt sich aufgeschlossen, aber
läßt doch nichts an sich heran; er gibt sich bestimmt und
lebt doch in einem ewigen Kompromiß; er hat für alles eine
Lösung zur Hand, die ihn aber selbst wenig kostet. Er ist
der liebenswürdige Egoist, der alle beschenkt, ohne sich
selbst herzugeben, und scheinbar alles aufnimmt und annimmt, ohne sich selbst ernstlich zu stellen oder zu wagen.
Er tritt auf, ohne wehzutun, und tritt ab, ohne etwas zu verlieren. Einmal aber kommt auch für ihn der Augenblick, in
dem ihn im geheimen die Angst beschleicht. Es wird ihm

unheimlich, *wie* glatt alles geht, und er fühlt, daß er im Grunde leer ist und irgendwie schuldig. So ein Mensch muß lernen, sowohl sein Herz hinzugeben als auch sich zu stellen und sich zu wagen. Und für diesen Typus bringt – wenn ihm die große Stunde je schlägt – die Begegnung mit dem Wesen oft deswegen die härteste Erfahrung, weil sie zunächst nicht wie für die beiden anderen die beglückende Erlösung von einem langen Leiden ist, sondern nach so langem Sichharmonisch-Befinden das erste wirkliche Leiden, das Leiden unter der Notwendigkeit, dem Wesen zuliebe Verzicht zu leisten auf die wohlig eingespielte Form. Wagt dieser Mensch aber endlich den Sprung, dann wird ihm die Seinserfahrung zu einem besonderen Glück, weil er in ihr sowohl den eigentlichen Kern und damit die *wahre Form* als auch die echte Entgrenzung und damit erst den *wahren Kontakt* mit dem Du findet.

An der Schwelle des Durchbruchs zum Wesen steht die Fähigkeit, das Inkommensurable, sei es das Leben Vernichtende, das Sinnwidrige oder die radikale Verlassenheit *annehmen* zu können. Man muß erst das natürliche Streben nach Sicherheit, Gerechtigkeit und Gemeinschaft in dieser Welt als ein Vorletztes erkennen, ehe man bereit sein kann für Erfahrungen, in denen das Letzte sich ankündet. Der wahrhaft im christlichen Glauben stehende Mensch, der das «Dein Wille geschehe» nicht nur hersagt, sondern von innen her zu leben vermag, hat es. Aber der aus dem Glauben Gefallene – und mit ihm hat es der Arzt wie der Seelsorger unserer Zeit ja vor allem zu tun – hat solche Fähigkeit oder Bereitschaft erst einmal nicht. So bringt ihm in der Regel erst die wirkliche Nähe des Todes, den er annimmt, die totale Verzweiflung am Unsinn und an der Ungerechtigkeit dieser Welt – eine Verzweiflung, in der seine Empörung vergeht – und die totale Verlassenheit, wenn er sich endlich dreingibt, die Möglichkeit zu jener grundstürzenden und zugleich aufschließenden Erfahrung, in der ihm das Leben jenseits des Todes, der Sinn *im* Unsinn und die Einheit des Grundes *im* Abgetrenntsein von allem aufgeht. Aber ist es nicht eigentlich eine Anklage gegen die geistliche Führung und Erziehung des westlichen Menschen, daß Schicksals-schläge ihn aus dem Glauben zu werfen vermögen, wie um-gekehrt, daß es erst des Keulenschlages bedarf, um ihm das überraumzeitliche Sein in ihm selbst aufzuschließen? Das ist der Punkt, zu dem wir etwas vom Osten zu lernen haben, etwas, das keineswegs der Sache nach östlich ist, sondern allgemein menschlich: die uns Menschen gegebene und auf-gegebene Möglichkeit, jene Frömmigkeit zu entwickeln, die Ausdruck ist der *erfahrenen* Zugehörigkeit zu einer tiefe-ren Wirklichkeit, als es die ist, in der wir in den Ordnungen von Verstand und Vernunft stehen. Auch wir können hell-hörig werden für das, was sich in unserem eigenen Erleben als das Wesen im Ich-Selbst, als das Sein im Dasein, als das größere Leben im kleineren Leben kundtut und uns in ein Neuwerden von Grund auf hineinruft.

Der geheimnisvolle Grund unseres Daseins, wie immer man ihn nennen will – das göttliche Leben in uns, das über-gegensätzliche Sein, an dem wir im «Wesen» teilhaben, wird sich je nach der geistigen Herkunft des Menschen in der Großen Erfahrung anders manifestieren. Die Wesenserfah-rung bedeutet immer die Erfahrung sowohl der individuel-len «Teil» habe wie auch der Teil «Habe» am all-einen Sein. Welcher der beiden Pole aber sinn- und richtungbestim-mend wird, das hängt vom Menschen ab. Wo er – wie im Fernen Osten – seiner geistlichen Tradition nach die Indivi-dualität nicht eigentlich ernstnehmen kann, da wird das Hochkommen der Individualität, das mit jeder echten We-senserfahrung nun einmal verbunden ist, nur als ein *Zeichen* echten Durchbruchs gewertet, nicht aber als das, worauf es ankommt. Als das Letzte, Eigentliche erscheint hier dann die in der Entgrenzung erfahrene All-Einheit. Für den im Raume des Christentums aufgewachsenen Europäer jedoch steht im Zentrum der Seinserfahrung seine seelische Individualität. Er erfährt die Geburt seiner *Person*. Und so erlebt er dann im Medium des anderen «Poles», in der ihn tragenden und bergenden Einheit, zugleich die «Instanz», die ihn beim Namen ruft und der er gehört. Ob der Glaube an den persönlichen Gott schon vorher da war oder nicht, er *ist* die Frucht dieser Erfahrung. Und der im echten Durchbruch erwachende Impuls zur Anheimgabe des «Eigenen» an die erfahrene Realität des All-Einen erscheint als die Weise, in der der Mensch teilhat an der bergenden und erlösenden Liebe Gottes.

Je mehr ein Menschentum noch im Kollektiven lebt und, wie im Osten, das persönliche Selbst nur als eine Gefährdung einer Gemeinschaft, den Geist nur in seiner entzweienden Rationalität kennt, desto mehr erscheint die Personifizierung letzter Mächte nur als eine Projektion eines angsterfüllten und im Irrtum befangenen Menschentums, das letztlich nur in der Erfahrung des All-Einen erlöst werden kann. Je mehr aber sich eine Menschheit aus den Banden jeglichen Kollektivs, auch den gewachsenen Gemeinschaften, loslöst, eine echte Ichwerdung statthat, und das individuelle Selbst, das sich in Werken der Kultur zum Gipfel selbständigen Menschseins erhebt, anerkannt wird, um so mehr ist der Boden bereitet, auf dem die Entwicklung des Menschen – über die Überwindung der vom Ich her magisch erfahrenen Götterprojektionen und über die Phase unpersönlicher Anschauung des Göttlichen hinweg – zum verwandelnden Glauben an den persönlichen Gott heranreift.

Wo vom «Sein» und seiner Erfahrung gesprochen wird, erhebt sich mit Recht die Frage nach seinem Verhältnis zu Gott. Es geht *nicht* an zu sagen, daß das, was hier mit Sein bezeichnet wird, «theologisch gesehen» Gott sei! Das im vortheologischen Raume der natürlichen Frömmigkeit im pneumatischen Bewußtsein erfahrene Sein gehört vielmehr auch zum «geschaffenen» Sein. Dieses erfahrbare Sein überschreitet aber die im gegenständlichen Bewußtsein erfahrene und ernstgenommene Wirklichkeit, bzw. es macht sie transparent auf ein anderes hin. In diesem anderen aber erfährt der Mensch eine von seinem Ich gereinigtere Spiegelung des göttlichen Urgrundes. Wer Gott verlor, kann ihn in dieser Spiegelung wiederfinden – und wer ihn nie hatte, ist in der echten Seinserfahrung auf dem Wege zu ihm. Eben darin liegt auch die Bedeutung einer Seelenführung, die zur psychologischen Sicht menschlichen Werdens die religiöse, d. h. an Seinserfahrungen orientierte hinzuzunehmen vermag. Sie ist im Ernstnehmen der Wesens-und Seinserfahrungen, welche die das Sein verhüllenden Ordnungen des natürlichen Bewußtseins transzendieren, Bereiterin auf dem Weg zum erfahrungsgegründeten, verwandelnden Glauben, d. h. zu lebendiger Religion.

HEILUNG VON WESEN ZU WESEN

Erhellende Analyse – Erweckende Katalyse

Fichtes These, daß die Philosophie, die einer hat, davon abhängt, was für ein Mensch er ist, kann auf den Therapeuten dahin abgewandelt werden, daß man sagt: «Die Wirklichkeit, zu der man den andern entbindet, hängt davon ab, in welcher Wirklichkeit man selbst steht.» Und dies betrifft die theoretische sowohl wie die praktische Wirklichkeit.

Im Patienten gewinnt *das* Gewicht, was der Therapeut sowohl theoretisch wie existentiell für sich selbst ernst nimmt. Nur was wir ernst nehmen, gewinnt für uns Wirklichkeit, und je mehr der andere in unsere Einfluß-Sphäre gerät, um so mehr gewinnt das von uns ernst Genommene auch in ihm Wirklichkeit und wirkt wie ein Magnet, der alles auf sich hin ordnet oder wie ein Strudel, der alles in sich hineinzieht.

Der Therapeut kann noch so schweigsam und zurückhaltend sein, ob er es will oder nicht, seine theoretischen Grundformeln der seelischen Wirklichkeit «übertragen» sich und werden immer mehr auch zum ordnenden Prinzip im anderen. Sieht er das Seelenleben vor allem bestimmt durch das *Ich*, so ordnet sich alles bald um dieses: um seine Minderwertigkeitsgefühle und Kompensationen, um seine Prestigepolitik und Selbstrechtfertigungen, um seine Dressate und Arrangements usw. Stehen als Tor der Erkenntnis und als Faktoren des seelischen Geschehens die *Trieb*mechanismen im Vordergrund, dann präsentiert sich bald alles im Zeichen von Verdrängung und Enthemmung, von Schein und Entlarvung, von Sublimierung und Regression usw., und es dauert nicht lange, so kommt auch der Ödipuskomplex zum Vorschein. Sieht man das Seelenleben vorwiegend im Zeichen der *Bilder*, so gewinnen sie besonders Gewicht. Archetypen steigen aus dem Kollektivunbewußten auf und werden unwillkürlich fixiert, und das Traumleben produziert sie fügsam in dem Maße, als auf sie «hin-gedeutet» wird.

*

Die Psychologie befindet sich noch immer in einem Anfangsstadium. Die wenigen Schulen, die heute das Feld der Analyse beherrschen, werden durch andere ersetzt, ihre Lehren durch andere ergänzt werden, und zwar in einer Weise, die einerseits dem Fortschreiten der theoretischen Erhellung entspricht, andererseits in der Richtung des Weges begründet ist, die der Mensch aus seiner existentiellen Position und Entwicklung einschlägt.

Die Bewegung, in die das Unbewußte des Patienten gerät, wird nur in ihrer Oberfläche bedingt und beinhaltet von den theoretischen Formeln, in denen sich die seelische Wirklichkeit für den Therapeuten ordnet. In ihrer wesenhaften (ontischen) Tiefe dagegen ist diese Bewegung bestimmt von der Wirkkraft und Strahlung des Therapeuten, die aus seinem existentiellen Standort kommt. Von hier geht der entscheidende Einfluß auf den andern aus, der Druck und die Verlockung, die ihn in seiner Wesenstiefe trifft, ihn im Grunde öffnet oder verschließt, auf den Weg der Heilung bringt oder in seiner Not festhält. Die Theorie und die analytische «Methode» ist nur selten das Mittel der *Heilung*, sondern meist nur das Medium für den *Einfluß*, der jenseits des psychologischen Raumes von Wesen zu Wesen geht.

Seit jeher beschäftigen den Therapeuten der früher oder später vom anderen bekundete *Widerstand*, der, in welcher

Verhüllung auch immer, ein Widerstreben gegen das ausdrückt, was unter dem Einfluß des Therapeuten in ihm zu
geschehen beginnt. Es gibt den berechtigten und den unbe-
rechtigten Widerstand. Der unberechtigte Widerstand ist
der, der das schützt, was der Entfaltung des Wesens zum
wahren Selbst, d.h. der wesensgemäßen Integration und
Individuation im Weg steht. So ist das «kleine Ich» nicht
nur der Panzer, in dem der Mensch sich gegenüber der «bösen Welt» durchsetzt, behauptet und sichert, sondern auch
die Schranke gegenüber dem eigenen Wesen, die seine Entfaltung blockiert. Der berechtigte Widerstand aber ist der,
der das «Tiefste» gegen den Zugriff ihm nicht angemessener
Kategorien und Deutungen und gegen einen Einfluß
schützen will, der es bedroht.

Gerade weil die heutige Therapie hinsichtlich ihrer theoretischen Grundlagen noch sehr im «Psychologischen» hängt,
und die Therapeuten selbst – gerade auch wenn oder weil
sie sich für «durchanalysiert» halten – den metaphysischen,
existentiellen Grund ihres eigenen Selbstes oft nicht genügend ernst nehmen, liegt häufig die Gefahr nahe, daß Kategorien der Schau und des Begriffs überhand nehmen, die
nicht zur Wesenstiefe des Menschen, sondern nur zu seiner
psychischen Oberfläche, d. h. zum biographisch Gewordenen Bezug haben. Die Dominanz einer solchen Sicht aber
ist der Entfaltung des Wesens nicht förderlich. Wie leicht
wird z. B. übersehen, daß das Ich und seine Dressate sowie
Hemmungen in der Sphäre der Triebe nicht nur die «Burg»
sind, in der sich etwas zu Überwindendes, Wesenswidriges
verschanzt, sondern auch der «Schrein», der in der Abwehr gegen die verständnislose Welt oder gegen eigene Ver-
suchungen und Dämonien die wesenhafte *Mitte* behütet.
Die Gefahr, die Mitte zu verfehlen, ist auch dort nicht be-
hoben, wo – etwa im Begriff des «Selbst» oder des «Kollektivunbewußten» – die ontische Tiefe mitgemeint wird, wie

man so sagt «mit drin» ist. Es geht vielmehr gerade darum, das metapsychische Wesen in seiner eigenen und unbeding⸗ ten *Würde* gegenüber all dem zu unterscheiden, was im Selbst individuell oder kollektiv, biographisch, konstitu⸗ tionell oder erbmäßig *bedingt* ist. Wo aber mit Kategorien, die aus der Sphäre des analysierbaren Psychischen stammen, das angerührt oder angepeilt wird, was zur Sphäre des un⸗ bedingten und nicht analysierbaren *Wesens* gehört – vom anderen als sein «heiliger Bezirk», und sei es auch noch so vage, empfunden –, dann meldet sich der berechtigte Wider⸗ stand.

Gewiß legitimieren, wie die Fassaden des Ichs, so auch die Werthaltungen und religiösen Vorstellungen, die ein Mensch mitbringt, bisweilen nur allzu deutlich Fehlformen und lebenswidrige Fixierungen der eigenen Entwicklung und sind dann notwendig dazu bestimmt, in Frage gestellt und mit der Zeit aufgelöst zu werden. Aber hier ist besondere Vorsicht geboten. Denn oft kommt in ihnen auch das zum Ausdruck, was nicht nur als das Heiligste vor⸗gestellt wird, sondern auch wirklich dem wahren Selbst entspricht. Die Fassade, die ein Mensch zeigt, ist in Bezug auf das, was er tatsächlich ist, gewiß weitgehend eine «Vorspiegelung fal⸗ scher Tatsachen». Die «schöne Fassade» entspringt aber immer auch einem tieferen, im Wesen begründeten und die innerlich aufgegebene Entwicklung vorwegnehmenden «Haltungsehrgeiz» und ist so auch zugleich eine «*Vor⸗ Spiegelung*» des Wesens. Der Knabe, der sich schon wie ein Mann gebärdet, ist in seiner Tatsächlichkeit gewiß noch nicht das, was er vorspielt. Und doch ist das von ihm *Vor⸗* gespielte nicht nur eine Vorspiegelung falscher Tatsachen, sondern auch die *Vor⸗*Spiegelung seines männlichen Wesens und das *Vor⸗Bild* der ihm aufgegebenen Wesensverwirkli⸗ chung. Der Angelsachse, der die Gebärde des «keep⸗smil⸗ ing» und der Gelassenheit zeigt, ist gewiß meist alles andere als der, den er heute schon vorspiegelt, und doch ist seine «Haltung» Ausdruck des Menschenbildes, das auch in ihm auf Verwirklichung wartet. Und übt einer, von der ihn mitverpflichtenden Konvention gehalten, die Gebärde des rechten Mannes ein Leben lang, so hilft dies einzuschmel‑ zen, was dem Wesen widerspricht, und auch das Gefäß zu schaffen, darin es eingehen und aufgehen kann. Der «grand old man» *kann* dann einmal das Ergebnis sein.

*

Die allzu dominante Einstellung auf eine Entlarvung des schönen Scheins und auf eine Enthemmung der Triebe geht, indem sie nur der Wahrheit der flachen Tatsächlich‑ keit huldigt, an der Tiefenwahrheit des menschlichen We‑ sens ebenso vorbei wie der verfälschte Wandervogel‑Rea‑ lismus, der nur die verlogenen Fassaden sieht und dann auch Gefäße für etwas zertrümmert, von dem er noch gar nichts weiß. Die Berechtigung der *echten* Jugendbewegung lag ja gerade darin, daß sie zur Bekämpfung der Fassaden legiti‑ miert war durch einen Geist, dessen Lebensglaube und We‑ sensglanz sich nicht durch den flachen Realismus einer Ge‑ sellschaft trüben lassen wollte, die nur in und aus den Gel‑ tungsordnungen des tatsächlichen Lebens existierte. In der «Form», die einem Gemeinschaftsideal entspricht, die Trie‑ be hemmt und die noch unreife und trübe Tatsächlichkeit des Menschen verhüllt, liegt meist ein gemäßerer Ausdruck der menschlichen Wahrheit als in der durch Konstitution und Biographie bedingten und hemmungslos entfesselten Wirklichkeit des nur «empirischen» Charakters. So gewiß also der Therapeut einerseits die Aufhebung einer psychi‑ schen Verstellung im Auge haben muß, die im Patienten als Identifikation mit einer noch nicht integrierten Vor‑Stel‑ lung auftritt und die Auszeugung des Wesens hemmt, so gewiß muß er zugleich vorsichtig abwägen, wie weit sie nicht auch die Werthaltung eines gültigen Vor-Bildes des Wesens ist, das nicht eher aufgelöst werden darf, als nicht etwas Neues nachgewachsen ist.

In dem Maße, als die Theorie der Therapie, vor allem aber auch der Therapeut für sich selbst alle Konsequenzen aus der Einsicht ziehen wird, daß das *Wesen* des Menschen anderer Herkunft ist als die bewußte oder unbewußte, im historischen Erbe der Menschheit kollektiv vorgeformte und aus der Konstitution und Biographie des Menschen individuell bedingte *Psyche* – in dem Maße ferner, als ihm der faktisch richtunggebende Einfluß seines eigenen Wesens auf das Wesen des anderen deutlich werden wird, wird er sich auch gedrängt fühlen, aus seiner Reserve herauszutreten und sich – in Überwindung gewisser Regeln, die aus der Entwicklung der Analyse und ihrer Grundlagen verständlich sind, aber nur bedingt gültig bleiben – ohne Scheu zu planmäßiger *Führung* und Einflußnahme bekennen.

*

Anerkennen wir die Rolle, die eine echte, von Wesen zu Wesen gehende Führung in der therapeutischen Situation spielt und spielen muß, so heben wir uns ins kontrollierende Bewußtsein, was unbewußt ohnehin am Werk ist: den führenden Einfluß, den wir tatsächlich, ob wir es wollen oder nicht, vom Wesen her auf den anderen ausüben. Und je mehr sich der Therapeut klar darüber wird, daß der Mensch zu seinem wahren Selbst nicht aus der Ebene des raumzeitlich bedingten Psychischen (sei es das Bewußte oder Unbewußte) kommen kann, sondern daß ausschließlich aus der Tiefe seines überraumzeitlichen Wesens echtes Heilwerden möglich ist und daß dieses Wesen in jedem Fall der Strahlung des Wesens des Therapeuten unterliegt – um so mehr wird er sich in der therapeutischen Situation auf das Wesen des anderen einstellen, vor allem aber auch bemüht sein,

selbst aus der tieferen Wirklichkeit seines Wesens *dazusein*.
Dies aber ist wiederum praktisch und fruchtbar nur möglich
in dem Maße, als der Therapeut selbst wirklich existentiell
verankert ist und sich selbst gläubig zur verpflichtenden
Würde des Wesens bekennt.

*

Das Wesen *des* Menschen und so eines jeden Menschen, ist
die Weise, in der er teilhat am überraumzeitlichen, lebendigen Sein, das sich als das Größere Leben in seinem Kleinen
Leben und so als das Wesen in seinem Selbst verkörpert und
zu seiner raumzeitlichen Bekundung im «wahren» Selbste
drängt. In dem Maße nun, als es gelingt, dieses Wesen im
anderen – quer durch alle raumzeitlich bedingten Ordnungen und Nöte hindurch – zu erreichen und anzusprechen
und von ihm her den im ontischen Grunde des Selbstes ver-
wurzelten gläubigen «Mut zum Sein» zu entbinden, in
dem Maße wächst die Chance, daß im anderen eine von der
Mitte her heilmachende Kraft frei wird, die nicht in einem
psychischen *Vorgang,* sondern in einem metapsychischen
Durchbruch die seelische Wirklichkeit wesensgemäß neu
ordnet. Das kann schlagartig geschehen. Und das bedeutet
dann, daß zu der die Konstitution und Biographie eines
Menschen allein ernst nehmenden «erhellenden Analyse»
ergänzend hinzugekommen ist die *erweckende Katalyse.*

*

Die Pädagogik hat heute längst die Radikalität jenes Standpunktes überwunden, der die Strenge der Führung ganz
durch einen Gehorsam gegenüber der Spontaneität des Kin-
des glaubte ersetzen zu müssen. So auch ist die Zeit gekommen, wo die Analyse, die die Tätigkeit des Therapeuten auf
das «Kommenlassen» beschränkt, ergänzt werden muß
durch einen *Mut zur Führung.* Die Legitimation solcher

Führung ist aber besonderer Art. Sie beruht nämlich darauf, daß im Zentrum des therapeutischen Blickfeldes nicht die Biographie und das analysierbare Ich-, Trieb- und Bildgefüge des anderen steht, sondern sein Wesen und ebenso vom Therapeuten selbst in der therapeutischen Situation nicht das Gefüge seines theoretischen Wissens, sondern seine existentielle, d.h. im Wesen ruhende *Haltung* als das Entscheidende gewußt wird.

*

Die Wesensreife des Menschen erwacht nicht von selbst, sondern Stufe um Stufe im *Antworten* auf ein *Angesprochenwerden*. So wie das Kind zum sprechenden Wesen und damit zum Menschen nur wird, weil die Mutter schon den Säugling wie ein antwortendes Wesen anspricht, so auch tritt das Wesen des Menschen, d.h. die wahrhaft integrierende und zur Personwerdung hin entbindende Kraft der Mitte nur hervor, wenn es mit Stetigkeit und in liebender Zuwendung angesprochen wird.

*

Das Erwachen und der Durchbruch des Wesens ist eine Gnade – ohne Zweifel. Man kann ihn nicht «machen», man kann aber die Möglichkeit des Durchbruchs «bereiten». Er *ist* blockiert, wo der Mensch in irgendwelchen Fixierungen verhaftet ist, aber auch, wo ein Helfer in Vorstellungen und Einstellungen befangen ist, in denen die Grundkraft und Quelle des Wesens nicht ernst genommen ist, weder für sich noch für den anderen. Die analytische Methode hilft den Raum frei zu machen von den psychischen Barrieren, die der eigentlichen, der metapsychischen Kraft aus dem Wesen den Weg versperren. Dieses Wirken der Wesenskraft setzt aber nur selten von selbst, sondern meist nur dann ein, wenn sie mit liebender Stetigkeit vom Wesen des Therapeuten her angerührt wurde. Das Aufgehen der Wesenskraft wird vorbereitet durch eine analytische Arbeit, die das Hemmende einschmilzt und andrerseits durch den die innere Reifung im Verborgenen vorantreibenden Wesensdrang, aber in den meisten Fällen wird das Wesen das schon offene Tor nur durchschreiten, sein Funke sich nur entzünden, wenn es vom Licht des anderen angestrahlt und angezogen wird. Wir brauchen uns nur umzuschauen, um zu sehen, wie dieses zeugende Licht von gläubigen, im Wesen verankerten Menschen und ihrer schöpferisch-erlösenden überpersönlichen Liebeskraft ausgeht und erweckend wirkt. Ein Beispiel für die Möglichkeit einer Führung und Heilung des Menschen vom Wesen her finden wir im Verhältnis östlicher Meister zu ihren Schülern.

Der östliche Meister interessiert sich bei dem Menschen, der sich ihm anvertraut, in keiner Weise für sein seelisches Leiden, geschweige denn für seine Biographie. Am Glanz seines Auges, an der Klangfarbe seiner Stimme, am Fluß seiner Gebärden erspürt er Eigenart und Standort des Wesens auf dem Wege zu seiner Bekundung im leibhaftigen Selbst. Allein auf dieses Wesen ist er fortan gerichtet, und jedes Mittel ist ihm recht, es anzusprechen und im anderen zum Anklingen zu bringen. Das entscheidende Mittel aber liegt in ihm selbst. Wie alle anderen Menschen *lebt* er zwar auch im konstitutionell und biographisch bedingten Selbst, aber die Wurzel seiner Existenz hat er in seinem überraumzeitlichen Wesen. Aus diesem Wesen, in dem er im Grunde eins ist mit seinem Schüler, kommt ihm der Reichtum seiner immer originellen Einfälle und ebenso die Kraft zu einer überpersönlichen Liebe, deren Strahlung und Strenge früher oder später auch das Wesen des anderen erweckt. Und in dem Augenblick, in dem dann dieses Wesen anklingt und aufgeht, kann schlagartig das ganze Gefüge der leidvollen, die Verwirrung und Verstrickungen des Lebens bekundenden neurotischen Mechanismen zusammenfallen wie ein

Kartenhaus, und der Mensch ist von Grund auf zu wirklichem Neuwerden frei.

Nicht immer vollzieht sich die Verwandlung als schlagartige Katalyse. Bisweilen erfolgt sie auch als eine allmähliche Reifung, die unter der stetigen Strahlung des meisterlichen Lichtes den eigenen Funken zum Glühen und schließlich zum Aufleuchten bringt.

*

Muß man ein «Meister» sein, um sich in den Dienst der Wesenskräfte stellen zu können? Wenn das so wäre, dann müßten wir uns alle bescheiden. Es ist aber nicht so. Man muß das Wesen nur einmal wirklich erfahren haben und dann *ernst* nehmen, in sich sowohl wie in anderen, ernst als Manifestation jenes überraumzeitlichen Lebensgrundes, der alles Dasein im Bedingten zugleich transzendiert, trägt und mit seinem eigentlichen Sinn erfüllt. Man muß also in sich selbst das psychisch Bedingte vom metaphysisch Unbedingten zu unterscheiden gelernt haben und fromm und gläubig sein können, zumindest mit Bezug auf das, was die menschliche Natur als Übernatur in sich trägt. In allen Zeiten und Zonen war dies für den Gereiften die Quelle der Weisheit und nicht nur der Weisheit sondern auch jener Liebe, in deren Strahlung auch die Verstrickung der nur psychologisch bedingten Übertragung dahinschmilzt. In der Gegenübertragung der Kraft aus dem überraumzeitlichen Sein wird der andere dann zu jener tieferen Wirklichkeit entbunden, die sich in seinem Wesen verkörpert und die, indem sie ihn zur Kernung im personalen Selbst befreit, ihn zugleich befähigt, sein kleines Leben im Zeichen und als Auftrag eines größeren Lebens anzunehmen und zu gestalten.

DIE DREIEINHEIT DES LEBENDIGEN SEINS
IM SPIEGEL DER TYPOLOGIE

Jeder Versuch, sich über die Eigenart eines Menschen Rechenschaft abzulegen, zielt letztlich darauf, seine Individualität zu erfassen. Die Individualität selbst entzieht sich aber dem abstrakten Begriff. In ihrer Einmaligkeit und Einzigartigkeit verschließt sie sich der Abstraktion. Sie öffnet sich nur in der konkreten Begegnung. So erschließt sie sich auch nur dem intuitiven Verstehen und der liebenden Zuwendung im einmaligen persönlichen Kontakt. So gewiß aber das Licht der Wahrheit über einen Menschen sich nur an dem Funken entzündet, der in der Wärme eines persönlichen Kontakts aufspringt – immer ist schon der Weg zum persönlichen Kontakt mitbestimmt von Schematas der Auffassung, die nichts mit der Individualität des anderen zu tun haben, sondern ihn nur als *Typus* erfassen.

Wir brauchen einen Menschen nur wenige Minuten zu kennen, ja nur einen Augenblick zu sehen oder zu sprechen, schon drängt sich aus unserer vielfältigen Erfahrung ein Urteil auf, daß dies also «ein solcher Mensch» ist. Und dieses bedeutet, ein Mensch, der im Unterschied zu anderen einem bestimmten *Typus* entspricht. Je mehr wir uns dessen bewußt werden, in welchem Ausmaß wir den anderen ganz unbewußt und unwillkürlich immer sogleich einem bestimmten Typus zuordnen, umso mehr werden wir die Verpflichtung fühlen, die Kategorien und Schematas zu klären, mit denen wir über die Individualität des anderen hinweggehen und ihn «einordnen». Und wenn wir auch als Arzt oder Erzieher, Psychologe oder Seelsorger unserer

Aufgabe nur in der einmaligen Antwort auf den individuellen Anruf gerecht werden können, die Richtigkeit unseres Verhaltens hängt wesentlich davon ab, daß die unser
Erkennen mitbestimmende Typologie nicht oberflächlich,
sondern so tief wie möglich sei.

Die Tiefe einer Typologie hängt davon ab, wie weit sie diejenigen Faktoren spiegelt, die den Menschen in der Totali-
tät seines Lebens bestimmen. Es gibt andere, die sich nur in
diesen oder jenen Situationen bemerkbar machen. Aber
auf diejenigen, die die Gesamteinstellung des Menschen
zum Leben, zu sich selbst, wie zur Welt *durchgehend* bestimmen, kommt es an! Die Grundfaktoren kommen aus
dem eingeborenen *Wesen* des Menschen und aus den angeborenen Anlagen und Begabungen, die ihn befähigen, seinem Wesen gemäß zu leben. Und die Grundtypologie ist
nichts anderes als die in den Begriff erhobene Variation
dessen, was der Mensch überhaupt seinem Wesen und seiner
Wirklichkeit nach ist.

Das eingeborene «Wesen» des Menschen ist die Weise, in
der er, im Unterschied zu anderen Wesen, teilhat an der
Fülle, Einheit und Ordnung des göttlichen Lebens. Sein
Wesen ist das in der Wirklichkeit seines *Daseins* im Selbst
verkörperte, aber nie voll verwirklichte Sein.

Das *Wesen* alles Lebendigen ist keine statische, keine «ste-
hende» Form, sondern eine lebendige Formel, d.h. es ist
Impuls und Anweisung zu einem bestimmten *Weg* – zum
Weg seiner *Bestimmung*, auf dem es seine jeweils besondere
Weise, sein besonderes Lied des Lebens zu singen hat. So
wie die Blume in der Weise der Blumen, das Tier in der
Weise des Tieres, so muß der Mensch in der Weise des
Menschen in seinem Dasein das Sein, in seinem kleinen
Leben das in ihm verkörperte Große Leben, in seinem
Selbst das in ihm zur Offenbarung drängende Wesen ver-
wirklichen.

Das Besondere des menschlichen Wesens ist dadurch ge-
kennzeichnet, daß auf seinem Weg das Leben zu gegen-
ständlichem *Bewußtsein* erwacht. Der Mensch ist das Wesen,
das mit Bewußtsein und aus Freiheit das in ihm lebende
überraumzeitliche Sein in der raumzeitlichen Geschichte
und Gestalt eines persönlichen Daseins zu manifestieren bestimmt ist. Das heißt, dem Menschen ist es aufgegeben, ein
Selbst zu werden und zwar das «wahre Selbst», das seinem
Wesen entspricht. Und es ist das Eigentümliche des Men-
schenweges, daß sich zunächst ein Selbst entwickelt, das
gerade *in* seiner Bewußtseinsordnung das eigentliche Wesen nicht rein offenbart, sondern zugleich verhüllt. Und
Menschen unterscheiden sich nun in typischer Weise voneinander sowohl in der Besonderheit ihres Wesens wie hinsichtlich der Gaben, mit denen sie ihr Wesen in der Wirklichkeit ihres Daseins einerseits verwirklichen, anderseits
verstellen.

Die tiefstgreifenden Variationen des Menschseins hängen
zusammen mit den im Wesen alles Lebendigen enthaltenen
Grundimpulsen des lebendigen Seins. Die Grundtypen
des Menschseins ergeben sich aus dem Dominanzverhältnis, in dem die in ihm in menschlicher Weise verkörperten
Grundimpulse des lebendigen Seins am Werk sind. Man
muß also, um zur Grundtypologie zu gelangen, erst Klarheit
haben über die Grundimpulse des Seins, die in allem Lebendigen wirken. Es sind deren drei: in allem, was im Dasein lebt, wirkt das in ihm verkörperte lebendige Sein als die
Macht, die es hervorbringt und trägt, es in seine Besonderung und seine Vollendung treibt und es wieder aufhebt
in alles übergreifender Ganzheit. Das in jedem Lebendigen
verkörperte Größere Leben wirkt in ihm als die Kraft zu
seinem raumzeitlich beschränkten *Leben*, als Bestimmung zu
seiner besonderen *Gestalt* und als Drang zum Einswerden
und Eingehen in übergeordnete *Ganzheit*. In allem, was

lebt, sind also drei Impulse ineins am Werk: der Impuls zum *Dasein* (was immer lebt, es lebt nicht aus sich, sondern aus der *Fülle* des in ihm verkörperten und zum Offenbar werden drängenden lebendigen Seins; so lebt es nicht nur, sondern *will* leben und sucht sich im Dasein zu behaupten); der Impuls zu einem bestimmten *Sosein* (was immer lebt, es ist in seinem Wesen geprägt aus der *Inbildlichkeit* des in ihm verkörperten Seins und sucht sein Leben seinem besonderen Inbild gemäß zu entfalten und zu vollenden); der Impuls zum *Ganzsein* (alles, was lebt, hat in seinem Wesen teil am übergreifenden Zusammenhang, an der *Einheit* des in ihm lebendigen Seins, und diese wirkt in ihm als Drang zur Wiederaufhebung aller Besonderung im Einswerden mit dem Ganzen). In allem, was lebt, sind also die drei Impulse ineins am Werk. Aber die Menschen unterscheiden sich grundsätzlich voneinander, welcher der drei Wesens impulse vorwiegt, und dieses bestimmt ihren *Typus*.

Es gibt den Typus des «elementaren» Menschen. Er lebt primär aus seiner Natur, und was immer auch an Drang zur Gestaltwerdung und Einswerdung in ihm sein mag – Möglichkeit, Sinn und Erfüllung seines Lebens stehen im Zeichen seiner elementaren Natur.

Es gibt den Typus des primär auf *Gestalt* zielenden, d. h. des «geistigen» Menschen. Er lebt primär aus dem Gefühl für Gestaltwerdung und Ordnung des Lebens in sich wie in der Welt, und was auch immer er an ursprünglicher Lebenskraft und seelischem Kontaktvermögen besitzt, Regenerationsmöglichkeit, Sinn und Erfülltsein seines Lebens kommen ihm aus seiner «Bestimmung zur Gestalt».

Es gibt den Typus des auf Einswerdung zielenden, des «seelischen» Menschen. Er lebt primär aus seiner Sehnsucht nach Liebe, d. h. nach Einswerdung mit dem «anderen», mit der Welt und mit Gott. Was immer er auch an ursprünglicher Lebenskraft, an geistiger Erkenntnis und

Gestaltungskraft besitzt, die Wurzeln seiner persönlichen Existenz, Sinn und Erfüllung des Lebens gibt es für ihn letzten Endes nur im liebenden Eingehen in einem ihn «aufhebenden» Anderen.

Die drei Grundimpulse aus dem lebendigen Sein entsprechen den drei Grundnöten des irdischen Daseins: der immer drohenden Gefährlichkeit, Sinnlosigkeit und Einsamkeit (Isolierung) menschlichen Lebens. Je nach dem, in welcher Komponente des Wesens ein Mensch vor allem verankert ist, in welcher Richtung also er vor allem zu leben bestimmt ist, wird er sich in seiner vorwiegenden «Empfindsamkeit» für eine der drei Nöte des Daseins von anderen unterscheiden. So wird das Leben des einen, im Unterschiede zum anderen, mehr im Zeichen des Willens zur Bewältigung und Sicherung des gefährlichen Daseins oder mehr im Zeichen verantwortlicher Gestaltung und Vollendung des ungeordneten, gestaltwidrigen Daseins oder aber mehr im Zeichen der Sehnsucht nach Einswerdung und der Überwindung des lieblosen Daseins in Gemeinschaft mit anderen stehen.

*

Etwas anderes nun als die im eingeborenen Wesen eines Menschen angelegte Bestimmung zu einem bestimmten Weg ist das angeborene und im Lebensgang entwickelte Gefüge der Gaben, die ihn befähigen, sein Wesen im Dasein zu verwirklichen, d. h. diesen Weg auch wirklich zu gehen. Die Möglichkeit der Diskrepanz zwischen Wesensbestimmung und Verwirklichungsmöglichkeit gehört zu den Grundspannungen des Menschen, um die zu wissen die Voraussetzung richtiger Menschenbeurteilung ist. Es gibt den Mann mit einem männlichen Wesen und weiblichen Gaben, aber auch den mit einem weiblichen Wesen und männlichen Gaben. Es gibt die Frau mit einem weiblichen Wesen und männlichen Gaben, aber auch die Frau

mit einem männlichen Wesen und weiblichen Gaben, wobei der Unterschied männlich–weiblich sowohl mit Bezug
auf das Wesen wie mit Bezug auf die seine Verwirklichung
ermöglichenden Gaben den Unterschied zwischen dem
aktiv setzenden, auf Gestalt und Ordnung zielenden geistigen Prinzip einerseits und dem passiv aufnehmenden, emp-
fangenden und auf Einswerdung zielenden seelischen Prinzip anderseits betrifft. Der Grundimpuls zu leben ist mit
Bezug auf den Unterschied männlich–weiblich ambiva-
lent. Dem aktiven «Trieb» gegenüber steht der passive
«Sog». Der Impuls in die Gestalt ist mehr männlich-aktiver
(geistiger), der Impuls in die Einswerdung, d. h. die Sehnsucht nach Aufhebung der isolierenden Gestalt in übergreifender Ganzheit mehr weiblich-passiver (seelischer) Natur.
Die Dominanzverhältnisse zwischen den Grundimpulsen
sowohl wie mit Bezug auf die zu ihrer Verwirklichung er-
forderlichen Gaben bestimmen auch die für den Charakter
wie für den Typus des Menschen so kennzeichnende *Grundstimmung*, die sein ganzes Leben und Erleben durchzieht.
Das Maß der einem Menschen eingeborenen, ursprünglichen Kraft zum Leben und der zu seiner Bewältigung ihm
mitgegebenen Begabung bestimmen das Maß des seine
Grundstimmung durchziehenden Lebens*mutes* oder seiner
Lebens*angst* sowie das Maß seiner Selbstsicherheit oder
-unsicherheit. – Das Maß der den Menschen in die Vollendung seiner Lebensgestalt treibenden eingeborenen Wesens*geprägt*heit sowie das seiner angeborenen Gestaltungskraft bestimmen das Maß der seine Lebensstimmung mit-
färbenden ursprünglichen Sensibilität für das Sein-Sol-
lende und seine Empfindsamkeit für das, was dem in ihm
oder in der Welt widerspricht. Ein vor allem auf Ordnung,
Sinn und Vollendung gestellter Mensch leidet immerzu
unter der Sinnlosigkeit, Gestaltwidrigkeit und Ungerechtigkeit des Daseins und ist besonders anfällig für Gefühle

der *Schuld* und des Versagens. – Das Maß an wesenhaft eingeborener *Teilhabe an der Einheit* des Lebens und an angeborenen Gaben zu liebendem und verstehendem Kontakt bestimmen den in der Grundstimmung des Lebens vorhandenen Anteil der Gefühle ursprünglicher Aufgehobenheit oder Einsamkeit wie das Maß der von der Lieblosigkeit der Welt her bedingten *Traurigkeit*. Menschen dieser Art, zum Lieben und Geliebtwerden geboren, sind in besonderem Maße anfällig für die Grausamkeit des Lebens und die Einsamkeit ihres Daseins.

Immer also weisen die die Grundstimmung eines Menschen durchziehenden *Wesensgefühle* des Lebensmutes oder der Lebensangst, der Stimmigkeit oder Sinnwidrigkeit, ursprünglicher Aufgehobenheit oder Einsamkeit – sowie die *Weltgefühle* der Sicherheit oder Ungesichertheit, der Sollensgemäßheit oder -widrigkeit und der Geborgenheit oder Verlassenheit auf jene Zugehörigkeit zu einem bestimmten Typus hin, in der sich die besondere Rolle eines der drei Grundimpulse des Lebens und das Vorhandensein oder Nicht-Vorhandensein der ihnen entsprechenden Gaben bekundet. Die im Wesen verkörperten drei Grundimpulse des Seins, die sich im Dasein bekunden als ursprüngliche Kraft zum Bestehen des Lebens, als Verpflichtung zu einer sich um die Welt gestaltenden Auszeugung des im Wesen enthaltenen Inbildes und als Sehnsucht nach Verwirklichung der im Wesen verkörperten Einheit des Seins in liebeerfüllter Gemeinschaft, spiegeln sich auch in den vom Menschen zu durchlaufenden *Stufen der Reife*. Sie spiegeln sich sowohl in der Reihenfolge der Reifestufen wie innerhalb der Struktur einer jeden Stufe. Jede Reifestufe stellt also zugleich einen *Entwicklungstypus* dar, und auf jeder Stufe unterscheiden sich die Menschen – in der Sprache der betreffenden Stufe – je nach dem Vorwiegen dieses oder jenen Impulses in typischer Weise.

Der Mensch als das «Wesen zwischen Himmel und Erde» ist zunächst das «*Kind der Erde*», d. h. der Großen Natur, die ihn vor und in aller Bewußtwerdung immer aufs Neue hervorbringt, trägt und erneuert. Immer wieder hebt ihn die treue Kraft der Erde in sein Dasein hinein. In der Auszeugung seines ihn vom Tier unterscheidenden Soseins, d. h. seines gegenständlichen Bewußtseins, wird er ein «Ich». Er löst sich aus seiner Verwobenheit in der bloßen Natur und gewinnt den Charakter einer *eigenständigen Persönlichkeit in der Welt*. Er wird das seiner selbst und seiner Welt sich bewußtwerdende Wesen, d. h. ein sich autonom dünkendes *Selbst*. Aber sein wahres Wesen verwirklicht sich erst, wenn er im Fortgang des Reifens auch die Stufe des autonomen Selbstseins transzendiert. Erst wenn er in der Transzendenz die Autonomie seines Selbstseins wieder einklammert und in jener Einheit des Seins aufhebt, der er in der Tiefe seines Wesens bleibend zugehört (von der er sich aber auf der Stufe und in der eigenmächtig werdenden Form seiner naiv mittelpunktsüchtigen Selbstheit ausgliederte), gewinnt er die ihm zugedachte *Freiheit* gegenüber der Welt und dem Tode. Er wird «Person», zu der und aus der das *Göttliche* spricht.

Menschen sind nun in typischer Weise dadurch voneinander verschieden, daß sie entweder immer das Große Kind der Erde bleiben, oder aber – das ist die Regel – nicht über die Stufe des weltbezogenen Selbstes hinauskommen – oder aber zeitlebens das Vorläufige der Existenz im Welt-Selbst empfinden und, zeitlebens «Suchende», ihren Frieden nur in der Transzendenz wissen. So unterscheiden sich die Menschen auch auf der Stufe des «erwachsenen Menschen», d. h. des Ich-Selbstes, in der wir alle leben, dadurch, daß die einen doch im Grunde immer aus der Verwobenheit mit der Großen Natur existieren, die anderen aber doch immer schon von der ausgesprochenen Sehn-

sucht zur Transzendenz bestimmt sind. Die meisten Menschen leben aber so gefangen in der Ordnung ihrer Selbstwelt, daß die auch in ihnen wirkenden Kräfte Himmels und
der Erde völlig darin aufgehen. Gewiß, wir alle müssen bis
zum Ende in den Bewußtseinsordnungen unserer Selbstwelt leben. Aber die Menschen unterscheiden sich voneinander, je nachdem sie nur aus ihnen den Sinn ihrer Existenz
finden oder aber im Grunde entweder der «Erde» verhaftet
bleiben oder aber von Grund auf so vom «Himmel» angezogen werden, daß die heilige Unruhe zur Aufhebung
ihrer Selbstwelt in der Transzendenz sie niemals verläßt.
Auf dem Wege zur höchsten Reife spiegelt jede Stufe ihrer-
seits die Dreieinheit des lebendigen Seins. Auf der Stufe
des eigenmächtigen Selbstes erscheint sie in der Dreiheit von
Ich, Geist und *Seele*. In den Kräften seines Ichs erhebt der
Mensch die Impulse seiner Natur, d.h. seine wesenhafte
Kraft zum Dasein in die Rationalität seines Bewußtseins
und meistert im Gewinnen von Besitz, Geltung und Macht
sein Leben, in dem er sich planmäßig «einrichtet», durchsetzt, sichert und behauptet. – Mit den Erkenntnis- und
Gestaltungskräften seines Geistes ist er im Medium seines
bewußten Lebens auf das gerichtet, was sein *soll*. Er bemüht
sich in sich und in seiner Welt um sinnvolle Ordnung und
vollendete Gestalt und leidet unter der Ungerechtigkeit und
Sinnwidrigkeit des Lebens.
Drittens sucht er als Selbst den Frieden seiner *Seele* in der
Erfüllung seiner Sehnsucht nach Einheit mit sich und dem
anderen und entspricht damit im Medium seines selbst-
verantworteten Lebens dem dritten Grundimpuls, in dem
sich das Sein als die übergreifende Einheit des Lebens wirksam bekundet. Seinen seelischen Antrieben folgend, hebt
der Mensch in der Hingabe und im Ein-Gehen wieder
auf, was er als Ich behauptet, als Geist erkennt und ge-
staltend zur in sich stimmigen Gestalt rundet.

Zum Leben des entwickelten Menschen, d. h. zum Leben im Selbst, gehören alle drei Impulse. Er ist nicht lebensfähig, wenn einer von ihnen überhaupt nicht zur Geltung kommt. Aber die Menschen unterscheiden sich in typischer Weise voneinander, je nach dem Dominanzverhältnis zwischen dem auf Fixierung und Selbstbehauptung zielenden Ich, dem ichlos der Gestaltwerdung dienenden Geist und der nach Gemeinschaft mit anderen drängenden Seele. Doch wiederum ist es so, daß der Mensch vom *Wesen* her bestimmt sein kann, sei es mehr aus den Kräften des Ichs oder im Zeichen des Geistes oder mehr aus der Sehnsucht der Seele zu *existieren,* aber daß die Gaben, die ihn dazu befähigen, auch so zu *leben,* dem nicht entsprechen. Es gibt den zur liebenden Hingabe geborenen Menschen, der doch sein Leben lang mit einer überstarken rationalen Begabung kämpfen muß, die ihn zum Fixieren und Festhalten verleitet. Es gibt den vom Wesen her auf Gestaltwerdung in sich und in der Welt Angelegten, den ein allzu weiches Gemüt aber hindert, das Leben Konturen gewinnen zu lassen.

Verankerung in der Natur, in der eigenständigen Selbstwelt oder in der Transzendenz, wie auch eine vorwiegende Bestimmtheit vom rational fixierenden Ich, vom gestaltwilligen Geist oder von der liebebedürftigen Seele, kennzeichnen Typen des menschlichen Seins und Daseins. Aber wie es immer das Gesetz des Menschen bleibt, daß er als das Wesen zwischen Himmel und Erde beide Pole in sich vereinigen und Frucht bringen lassen soll, so auch bleibt der Himmel in alle Ewigkeit *über* der Erde, die Transzendenz des Selbstes über dem Selbst und der seinem Werden vorgegebenen Natur. Und so auch kann in jedem Fall der Mensch seine höchste Bestimmung nur erfüllen, wenn er seine ursprüngliche Kraft zum Dasein, wie sein Vermögen zur spezifisch menschlichen Form des Lebens in den Ord-

nungen der Selbstwelt letztlich in einer Existenz zu über‐
höhen vermag, die in der Transzendenz verankert ist. Nur
von ihr her gewinnt menschliches Leben letztlich jene
Transparenz, die ihm in der Realität seines Wesens ver‐
heißen ist. Ihr Charakter aber wird ein anderer sein, je nach
dem Wesenszeichen, unter dem ein Leben steht: in allen
Zeiten und Zonen gab es und gibt es als Typen höchster
Bekundung der Existenz aus der Transzendenz den Natur‐
heiligen, den Propheten und den Mystiker.

MÄCHTIGKEIT, RANG
UND STUFE DES MENSCHEN

Die immer ausschließlicher gewordene Bezogenheit des Menschen auf das «reale» Dasein hat ihn fast blind gemacht für sein Wesen. Das Organ für die Wesensqualitäten der elementaren Mächtigkeit, des Ranges und der Stufe ist selten geworden. An seine Stelle ist die Wertschätzung der quantifizierbaren Leistung getreten. Äußere Vermögen wie Ehrgeiz und Fleiß scheinen den Mangel an ursprünglicher Fülle und Kraft, Leistungsfähigkeit und Können den Mangel an innerem Rang und ethisch geforderte und begründete Liebe den Mangel an ursprünglicher Menschlichkeit ersetzen zu können. Unheilvoll wirken sich dann in der Folge das Fehlen wesenhafter Seinsmächtigkeit, das Fehlen des Ranges und die mangelnde Höhe der Stufe aus; denn erst die elementare Mächtigkeit begründet das unberechenbar stetige Tun, erst die Höhe des Ranges gibt die Berufung zu gültigem Urteilen und Wirken, und erst die Höhe der Stufe gewährleistet die Reinheit der menschlichen Haltung. Das Organ für die Seinswerte von Mächtigkeit, Rang und Stufe ist wieder neu zu erschließen. Das Wirksamwerden dieses Organs hat Maß, Form und Richtung gebende Bedeutung.

*

1. *Seinshaltigkeit des Wesens*

Der Mensch verkörpert in seinem Wesen in besonderer Weise das Sein. In der Daseinsgestalt seines Wesens kommt das Sein nur zu bedingter Erscheinung. In ihr ist der Mensch nur ein trüber Spiegel, ein verstelltes Medium, ein bedingtes Organ des Seins. Und doch ist er kraft seines Wesens dem Sein zugleich erschlossen und dazu bestimmt, ein reiner Spiegel, ein durchlässiges Medium, ein unbedingtes Organ des Seins im Dasein zu werden. Er ist dazu bestimmt, das Sein im Dasein zu offenbaren. Er vermag es in dem Maße, als er vom Wesen her lebt und als dieses seinshaltig ist.

*

Die Seinshaltigkeit des Wesens ist bei den Menschen ursprünglich verschieden. Sie haben in ihrem Wesen in verschiedenem Maße teil an der Fülle, Urbildlichkeit und Einheit des Seins und so auch aus ihrem Wesen heraus ein verschiedenes Maß an ursprünglicher Lebensmächtigkeit, Geformtheit und Einigungskraft. Sie bekunden diese Verschiedenheit aus dem Wesen in einem sie unterscheidenden Grad an ursprünglicher Unabhängigkeit gegenüber den Bedrohungen des Daseins, in einem sie unterscheidenden Grad an ursprünglicher Formgültigkeit und Maßgeblichkeit ihrer Erscheinung und endlich in einem sie unterscheidenden Grad an ursprünglicher menschlicher Größe. Die Verschiedenheit ihres Wesens spricht uns an im Maß ihrer *elementaren Mächtigkeit,* in der Höhe ihres *Ranges* und in der Höhe ihrer seelischen *Stufe.*

*

In der elementaren Mächtigkeit, im Rang und in der Stufe eines Menschen berühren uns Qualitäten von methaphysischer Bedeutung. In ihnen bekundet sich durch alle Trübungen daseinsbestimmter Bedingtheit hindurch die Besonderheit seines allem Werden im Dasein vorgegebenen Wesens – und in der Sprache seines individuellen Wesens die besondere Teilhabe am Sein. Aus seiner elementaren Mächtigkeit leuchtet das Sein hervor als der Urgrund und Quellgrund allen Daseins, der es trägt, speist und vorantreibt. Es berührt uns in ihr als ursprüngliche Lebensmächtigkeit, deren Maß sich unter allen Bedingungen des Daseins erweist. Aus dem Rang eines Menschen leuchtet die Urbildlichkeit des Seins hervor und berührt uns in der richtunggebenden Geformtheit seines Wesens, die das Maß ihrer Gültigkeit unter allen Bedingungen des Daseins bekundet. Aus der Stufe eines Menschen leuchtet das Sein hervor als die alle Besonderung in sich bergende und erlösende Einheit und berührt uns als seelische Größe, deren bemessene Weite, Tiefe und Reinheit unter allen Bedingungen eines Lebens hervorscheint.

*

2. Elementare Mächtigkeit

In der elementaren Mächtigkeit eines Menschen offenbart sich das Sein als wesenseigenes Maß an ursprünglicher Entfaltungsfülle, Bewältigungskraft, Tragkraft und Standfestigkeit, die etwas anderes ist als alle Festigkeit, Fülle und Kraft, die er aus eigenem Bemühen oder dank glücklicher Lebensumstände entwickelt. Es ist der eine aus dem Ursprung mehr als der andere «geladen» mit Sein.

Jeder Mensch hat ein Maß an elementarer Mächtigkeit ursprünglich zu eigen. Sie ist die sein Lebensgefühl von grundauf bestimmende Potenz schlechthin. Als solche ist sie irrational, wertindifferent und richtungslos. Sie ist in seinem Leben und Sichgeben im Dasein vorgegeben als das große geheimnisvolle, auch abgründige und fragwürdige, aber elementar bewegende, speisende und endlich auch tragende und bewahrende *Potential.*

*

Menschen unterscheiden sich durch die ihr Wesen auszeichnende Breite, Fülle und Kraft. Die einen sind mehr als die anderen von ihrem Grund her getragen, gespeist und getrieben und weniger von außen bewegt. Ihr Leben ist immer mehr ein «Sich-Auswirken» als ein «Bewirktwerden».

*

Menschen von elementarer Mächtigkeit sind wie Bäume, die, breit nach unten verwurzelt, einen unumstößlichen Lebensstamm haben und mit der ausladenden Breite ihrer Krone viel Raum beherrschen – ohne verdienstvolles Bemühen. Sie haben eine natürliche Wurzelkraft und Standfestigkeit gegenüber den Gewalten des raumzeitlichen Daseins. Die bedrohenden Mächte der Natur können ihnen weniger anhaben als anderen.

*

Menschen von elementarer Mächtigkeit zeigen eine natürliche Kühnheit. Kühnheit ist Ausdruck einer unmittelbaren Gegründetheit im Sein, die die Gefahren des Daseins mit anderen Maßstäben wertet. Gefahr wird zu einem besonderen Reiz: Was das Zerstörbare mit Vernichtung bedroht, bringt das Unzerstörbare ans Licht, und in der Gefährdung des Vergänglichen tritt das Unvergängliche des Wesens lustvoll ins Innesein.

*

Menschen von elementarer Mächtigkeit haben eine natürliche Fülle. Alle Dimensionen ihres Menschseins zeugen von blutvoller Lebendigkeit – so als seien sie von Grund auf gespeist von den Säften der Erde. Sie haben eine kräftige und natürliche Sinnlichkeit und lieben das Leben und die Welt in ihrem sinnlichen Glanz. Sie sind aus dem Wesen heraus nie trocken und mager, sondern saftig und voll. Die Atmosphäre, die sie umgibt, und die Strahlung, die von ihnen ausgeht, ist mit pulsierendem Leben geladen. Aus ihrer Fülle heraus haben sie keine Sorge, sich zu erschöpfen, denn sie schöpfen aus dem reichfließenden Quell ihres kräftegeladenen Wesens. Es ist ihnen ein natürliches Volumen zu eigen, das sie unwillkürlich zu Raum kommen und Raum in Besitz nehmen läßt.

*

Menschen von elementarer Mächtigkeit leben aus dem Zentrum einer ursprünglichen Kraft, die sie tragfähiger und belastbarer macht als andere. Sie haben einen langen Atem. In welchem Sinne auch immer sie Einbuße leiden, sie erneuern sich wieder und schaffen aus der Kraft ihres Wesens, die unbesiegbar erscheint.

*

Die naturhaft nachdrängende Fülle ihres Wesens gibt Menschen von elementarer Mächtigkeit die sie auszeichnende Trieb- und Durchsetzungskraft. Sie haben in all ihrem Tun ein natürliches Gewicht, haben Stoßkraft und Wucht. Ihr Handeln ist eine naive Zielstrebigkeit und nachhaltige Wirksamkeit. Sie haben «Zug» und Schwung, und der Bogen ihres Willens ist weitgespannt.

*

Die Breite, Fülle und Kraft ihres Wesens gibt Menschen von elementarer Mächtigkeit eine selbstverständliche Sicherheit und suggestive Überlegenheit. So ist es natürlich, daß andere bei ihnen Halt suchen, von ihnen zehren, sich bei ihnen auffrischen und mit neuer Kraft laden. Die anderen kommen auf sie zu und orientieren sich an ihnen, sind geneigt, ihnen zu folgen und sich ihnen zu unterstellen. Das Maß an Mächtigkeit aus dem Wesen bestimmt auf Anhieb das elementare Grundverhältnis der Menschen untereinander.
Elementare Mächtigkeit bekundet sich nicht nur in der Haltung gegenüber den Gewalten des Daseins, sondern auch im Einsatz für geistige und seelische Werte. Solcher Einsatz ist hier nie Krücke oder haltgebender Ersatz ursprünglicher Fülle, sondern vollgültiger Ausdruck des lebendigen Kraftfeldes.

*

Menschen von elementarer Mächtigkeit sind für das Gefüge der Daseinsordnungen gefährlich wie auch selber gefährdet. In ihnen sind Urgewalten am Werk und drängen aus ihrer Geballtheit zur Lösung. Ihr Volumen drückt anderes zur Seite. Ihre nachdrängende Fülle stellt das Gegebene in Frage. Der unbefangene Anspruch, mit dem sie aus der naiven Souveränität ihres mit elementaren Kräften geladenen Wesens auftreten, bringt sie in Widerspruch und Gefahr. Sie greifen an, oft ohne es zu wissen, und fordern den Gegenschlag heraus. Das Vertrauen auf ihre von allen Daseinsbedingungen, auch von Wissen und Können unabhängige Kraft beraubt sie oft auch des inneren Maßes. Die in ihnen geballten Gewalten können – im Raum ihres Wirkens wie in ihnen selbst – wie Sprengkörper wirken. Dann hängt es von der Gefügigkeit ihres Charakters, ihrer seelisch-geistigen Verfassung und von der Wertbestimmtheit ihrer Haltung ab, ob die Ordnung gewahrt, die Triebgewalten im Zaume gehalten und in die rechten Kanäle geleitet werden und ob die Breite, Fülle und Kraft ihres Wesens sich als eine heilvolle oder heillose Wirkungseinheit bekundet und auswirkt.

*

Je gewaltiger die elementare Mächtigkeit eines Menschen, desto schwerer hat er es, sich Ordnungen zu fügen, «vollkommen» zu werden und innerlich stetig zu reifen. Die elementare Mächtigkeit seines Wesens, der andere sich mit Selbstverständlichkeit beugen, spiegelt ihm auch dann noch die Berechtigung seiner Führung vor, wo keine mehr da ist. Seine natürliche Überlegenheit über andere, die allen Widerspruch im Keime erstickt, nimmt seiner Selbstkritik oft die nötige Wachheit. Die elementare Erneuerungskraft seines Wesens, aus der er rascher als andere auch seelisches Leiden verwindet, bringt ihn leicht um die Frucht echten Reifens. So hängt bei Menschen von elementarer Mächtigkeit die Qualität ihres Charakters und die seelische Reife, die sie gewinnen, mehr als bei anderen vom ursprünglichen Rang und der menschlichen Stufe ab, die sie aus dem Wesen heraus besitzen.

*

Elementare Mächtigkeit ist jenseits von Gut und Böse. Sie ist in sich selber wertindifferent. Sie macht stark im Guten wie im Bösen. Sie begründet Spannweite, Stoßkraft und Wirkmacht – besagt aber von sich aus noch nichts über Wert oder Unwert der Motive und des Bewirkten. Sie ist die elementare Bedingung aller wirkenden Größe. An ihr hängt die Kraft zur Veränderung des gegebenen Daseins. Nur Menschen von elementarer Mächtigkeit verändern das Antlitz der Erde. Alle die Geschichte bewegenden Gestalten waren Menschen von elementarer Mächtigkeit, die aus der Grundkraft ihres Wesens die fraglose Unabhängigkeit hatten, das Gewordene furchtlos in Frage zu stellen. Ob zum Guten oder zum Bösen, hing nicht mit ihrer Mächtigkeit zusammen, sondern mit ihrer Gehaltenheit von geistigen und seelischen Werten.

*

Das Maß an ursprünglicher Lebenskraft bestimmt das Maß des Erträglichen. Die Tugenden der Geduld, des Stillhaltens und des Verzichtens widersprechen ihrem dynamischen Kraftpotential. Menschen von elementarer Mächtigkeit drängt es zur lösenden Tat, die die Fülle entlädt und den Mangel ohne Rücksicht beseitigt. Wäre das Leben der Menschen nur von ihrer elementaren Mächtigkeit bestimmt, so herrschten die Raubtiere unter den Menschen. Sie huldigten Götzen, die nichts wären als Sinnbilder und Garanten der Entfaltungsraum gebenden Mächte, und ihre Vorstellung vom Paradies wäre die des auf ewig gesicherten Genusses elementar-urhafter Fülle und Kraft.

*

3. Rang

Das Urbild des Menschen ist eine Weise, in der das Sein
sich besondert und darstellt. In der Inbildlichkeit seines Wesens verkörpert jeder Mensch die Idee des Menschen auf individuelle Weise. Das Maß, in dem sein Wesen vom Inbild
wirklich geprägt ist, bestimmt die Höhe des Ranges.

*

Die im Wesen eingeformte Inbildlichkeit verwandelt und
bindet das in der elementaren Mächtigkeit erscheinende und
geballte Mikrochaos der Urgewalten zu einer mikrokosmi-
schen Form. Erst in den Formen erscheint das Sein als
Wirklichkeit einer Ordnung. Ihre Verkörperung im raumzeitlichen Dasein gibt seinen Gestalten den überraumzeitlichen Sinn und verleiht ihnen Geltung und Wert. Sie berühren uns als gültige Formen, soweit sie in ihrer Daseinsbe-
dingtheit zugleich das Urbild bekunden. In der Höhe des
Ranges berührt uns in der Daseinsform eines Menschen das
Sein in der Sprache einer das menschliche Urbild gültig
spiegelnden individuellen Form.

*

Die Daseinsgestalt eines Menschen bildet sich unter den Bedingungen des raumzeitlichen Daseins. Wie weit aber die
Gestalt nur von ihnen geprägt wird, hängt ab von der For-
mungskraft seines Wesens. Menschen höheren Ranges bekunden eine Gesetzeskraft ihres Wesens, die die Abhängig-
keit ihrer Form von den Daseinsmächten vermindert. Hell
leuchtet aus ihrer Erscheinung der geprägte Kern ihres Wesens hervor. Je niederer der Rang eines Menschen, desto mehr
ist die Auszeugung seines Wesens in Charakter, Verfassung
und Haltung verschliffen und von den Daseinsmächten bestimmt, unter denen sich sein Leben entwickelt, und das

Erscheinungsbild seines Wesens ist verwaschen, getrübt und verdunkelt.

*

Der höhere Rang eines Menschen offenbart sich im Dasein in einer gelassenen Freiheit, mit der er seine Form bekundet und wahrt. Die Mächte des natürlichen Daseins, die Menschen niederen Ranges aus ihrer Form herauswerfen, haben Menschen von Rang gegenüber keine entscheidend-verändernde Macht. Sie brechen sich an der vorgegebenen Form seines Wesens, die er darlebt, unbekümmert um Eindruck und Wirkung und unstörbar von äußerem Einfluß.

*

Menschen von Rang haben Mitte und Maß im Formgesetz ihres Wesens. Zwar hat auch ihre Daseinsgestalt Züge, die der Auseinandersetzung mit dem Dasein entstammen. Aber die Form ihrer Verfassung ist nicht nur deren Produkt. Menschen von Rang sind vom Gesetz ihres Wesens bestimmt. Sie halten Maß aus wesensnotwendiger Zucht und widerstreben der Verlockung, sich größer zu geben, als sie vom Grunde her sind. Sie übernehmen sich nicht in der Welt, sondern halten sich in Anspruch und Ausgriff eher hinter ihrem Wesensumfang zurück. Menschen von Rang haben die unstörbare Mitte im Kern ihres Wesens. Die Form, die als Kernung hervorwächst, zeigt sich in gewachsener Ordnung, die Hast und Verwirrung nicht zuläßt.

*

Der Mensch niederen Ranges scheint in seiner Form zusammengehalten vom Macht- und Sicherungsverlangen seiner dem Geiste noch fernen Natur. Der Mensch höheren Ranges zeigt eine Form, deren Bildungsgesetz nicht dem Dasein entstammt. Auch jener hat im Grunde sein übernatürliches Wesen – doch ist es verhüllt und verborgen. Auch dieser hat

seine raumzeitlich bedingten Züge – doch stärker als sie bestimmt ihn die Eigenkraft seines Wesens. Der Mensch von
Rang ist vom Sein geformt und gehalten, der Mensch niederen Ranges mehr von Zufälligkeiten des Daseins. Darum
auch hat jener das Leuchten des Unbedingten, dieser das
Trübe der raumzeitlichen Not.

*

Menschen höheren Ranges haben Haltung. Diese Haltung
ist nicht das Produkt einer äußeren Zucht, sondern es «hält»
sie die Würde des Wesens. Auch in ihnen drängen sich die
elementaren Mächte des Lebens, aber sie werden von der im
Kern gegründeten Haltung zur Bewährung im Ganzen gebunden. Es bildet und fügt die Natur sich zum harmonisch
geordneten Ganzen und verleiht seiner Wirkung formende
und klärende Kraft.

*

Menschen von Rang kreisen um eine innere Achse, halten
ihr Gleichgewicht ohne Zwang oder schwingen doch leicht
in ihre Mitte zurück. Die richtunggebende Kraft ihres Wesens löst wie von selbst jede Spannung, die der Not des Lebens entstammt, und bindet zum harmonischen Ganzen die
Mächte, deren Gewalt den von seinem Wesen weniger Bestimmten in seine Krisen hineintreibt. Menschen von Rang
haben in der Not eine besondere Haltung. Sie geben gelassen der Kraft aus dem Wesen die Zeit, von innen zu überwachsen, was der Geringere, wenn er leidet, bekämpft oder
nur mit Willenskraft überwindet.

*

Die Höhe des Ranges setzt im Menschen ein besonderes Verhältnis zur Welt. Der Mensch niederen Ranges reflektiert in
seiner Haltung die Betroffenheit durch das Dasein. Der
Mensch höheren Ranges wirkt aus seiner Geprägtheit vom

Wesen wie ein Widerhall aus dem Sein, der in das Dasein hineinklingt. Als solcher ist er zugleich Träger, Hüter und unbekümmerter Künder einer höheren Ordnung. Er steht in der Welt zugleich über ihr, und er wirkt in der Welt in einer anderen Weise als die, die mit den Umständen ihres Daseins unauflöslich verstrickt sind.

*

Menschen von höherem Rang sind den Wechselfällen des Lebens aus ihrer Geprägtheit heraus überlegen. Sie leben wie andere auch unter den Verkettungen von Raum und Zeit. Doch das, was sie im Handeln bestimmt, hat seinen Sinngrund woanders. Sie leben vollauf im Dasein, aber existieren aus dem Grund ihres Wesens. Sie sind, was sie sind, nicht unter Bedingungen, sondern unbedingt und also unter jeder Bedingung.

*

Menschen von Rang fragen nicht nach Sicherheit oder eigener Geltung. Wo sie es tun, wissen sie sich im Widerspruch mit sich selbst. Menschen von Rang setzen Geltung und geben Sicherheit, denn sie verkörpern etwas, das unbedingt gilt. Ihr Atem kommt aus der Ruhe, die dem Gütigen eignet.

*

Menschen von Rang buhlen nicht um die Welt, aber wissen die Würde zu wahren. Der Beifall der Menge macht sie kritisch gegen sich selbst. Der Widerspruch und Angriff der anderen, die deren Daseinsansprüche spiegeln, stellt sich notwendig ein, denn was sie vertreten, weist immer über bequeme Wünsche hinaus. So erreichen sie auch immer nur die, in denen zumindest die Sehnsucht nach dem höheren Sein schon erwacht ist.

*

Wo Rang ist, ist unveränderlich gültige Form. Sie gründet nicht in der Festigkeit eines Charakters, der Zähigkeit eines Willens, der Kraft einer Natur, nicht in sachlicher Bildung oder überlegenem Können. Nie läßt sich der Rang eines Menschen aus Eigenschaften ableiten, denn der Rang begründet erst deren tiefer bedeutsamen Wert. Das Unangreifbare der bekundeten Form liegt in der Beschaffenheit des qualitativ höheren Seins, das ihr vom Wesen her eignet.

*

Menschen höheren Ranges regenerieren sich nicht allein aus rein stofflichen Kräften, sondern viel mehr aus dem Lebensgesetz der sie tragenden Form. Es ist, als wäre der Stoff der Natur nicht mehr das rechte, geschweige denn einzige Medium, ihrem Wesen Ausdruck zu geben. Wo im Kampf mit den Mächten die Gestalt Einbuße erleidet, erneuert sie sich aus ihrer inneren Form.

*

Im Umkreis des Menschen von Rang verwandelt die Welt sich. Der Raum weitet sich, und die Atmosphäre wird reiner. Das, was sich fremd ist, tritt auseinander. Was zueinander gehört, kommt zusammen. Schein trennt sich vom Sein, die Nebelschleier zerreißen, und die Formen gewinnen Kontur. Die urbildliche Ordnung des Seins tritt hervor, und das Ungeformte erwacht zu der ihm innewohnenden und aufgegebenen Form.

*

Vom höheren Rang geht eine Kraft aus, die das Unreine, Unstimmige, Unausgeprägte, Verschwommene nicht duldet. Der Widerspruch von Scheinen und Sein wird ihm gegenüber unhaltbar. Das Verlogene verbirgt sich, Fassaden geraten ins Wanken, das Verrückte rückt sich zurecht. Menschen von Rang erwecken die Verpflichtung zur Form, und mächtig erwachen in ihrem Umkreis die Kräfte des

Seins, die auf Durchformung und harmonische Ganzheit hinzielen. Der Mensch höheren Ranges befreit den dazu Bereiten zur Auszeugung seines Wesens. Er erlöst ihn vom Bann seines nur daseinsbedingten Begehrs und verpflichtet ihn ohne viel Worte zur Treue gegen sein Inbild.

*

Menschen von Rang spiegeln im Glanz ihres Wesens die urbildliche Ordnung des Seins. Je formkräftiger das Wesen, dessen Inbild in Reinheit zu spiegeln der Sinn aller Gestaltwerdung ist, desto stärker die fordernde und formende Strahlung, die von ihm ausgeht. Nicht Worte, nicht Taten noch Werke sind die unmittelbarsten Zeugen und Medien der verpflichtenden Wahrheit des Seins, sondern was wortlos und ohne Handeln unmittelbar aus dem Wesenskern ausstrahlt. Es durchbricht «ohne Tun» im andern die alltägliche Bindung und beruft ihn mit der Stimme seines ureigenen Wesens in die Freiheit seiner Bewährung.

*

Für den Menschen höheren Ranges wird die Welt transparent. Strahlend leuchtet für ihn das Sein aus dem Dasein hervor, und schmerzlich berührt ihn zugleich das Unvollkommene jeder Erscheinung. In jeder Gestalt sucht er unwillkürlich das Inbild und erweckt in jedem Menschen das «beste Bild» seines Wesens. Er spricht das Inbild an, und ohne Besonderes zu tun, übt er auf die Verfassung des anderen den geheimnisvoll verwandelnden Druck aus, der ihn seiner Wesensformel gemäß macht.

*

Menschen von höherem Rang haben ihren eigenen Stil, der sie aus der Menge herausrückt. Sie können auch Ungewöhnliches tun, das abweicht von der üblichen Norm. Aber ihr

Maß werden sie niemals verletzen; denn unabdingbar
wahrt das Gesetz ihres Wesens die reine Erscheinung des
Inbilds. Das Besondere, das sie heraushebt, ist nicht das
Absonderliche des Originals, das aus der Unschuld seines
Gemütes mit kindlicher Unbekümmertheit eine Blüten-
lese seiner urwüchsigen Triebe zu einem seltsamen Strauß
bindet, sondern das Gesetz ihres Wesens, das als formende
Kraft Gültiges ausstrahlt. Das Original findet seine Kopi-
sten, der Träger des Stils die Gefolgschaft der Jünger, in
denen das Gesetz seines Wesens sich auswirkt.

*

Menschen von höherem Rang haben ein «fernes Auge» –
so als blickte es gar nicht aus diesem Menschen heraus, noch
eigentlich auf den anderen hin, sondern so, als käme es von
irgendwoher aus dem Unendlichen und ginge durch den
anderen, ihn durchdringend, hindurch in eine entrückte
Ferne. Das «ferne Auge» setzt Abstand und wahrt auch
des anderen Geheimnis. Das Auge des Niederen entblät-
tert und betastet Intimes, und leicht dünkt ihm das «ferne
Auge», das durch ihn wie unbeteiligt hindurchgeht, un-
persönlich und kalt. Aber je höher der Rang des vom fernen Auge Betroffenen, umso zwingender weiß er sich von
einem Wesen gegrüßt, das mit dem seinen im Unendlichen
eins ist.

*

Menschen von höherem Rang leben im Kreise ihrer eigenen
Ordnung und halten, was sie umgibt, in gebührendem Abstand. Sie halten und schaffen Distanz. Der Abstand ist
nichts als die Wirkung ihres adligen Wesens und der Un-
umstößlichkeit ihrer Mitte, die ihr Lebensgesetz ist. Er ist
der Strahlenpanzer ihres unabdingbaren, bestimmenden
Wesens, nicht der Schutz eines auf Sicherung und Abwehr
bedachten Geschöpfes.

*

Menschen von Rang sind Künder eines höheren Gesetzes und seiner daseinsformenden Ordnung. So trifft ihr Blick auch von «oben». Sie sind nicht hochfahrend, sondern stehen auf anderer Höhe und rühren mit dem Glanz einer höheren Ordnung den Geringeren an.

*

Die Haltung des Menschen von Rang hat den Zauber der königlichen Bescheidung. Das Hohe, das sie verkörpert, bewahrt und auch ausdrückt, hebt ihn über die vielen empor, aber hält ihn zugleich in der Demut des sich seiner Kleinheit Bewußten. Die Unerfüllbarkeit der unendlichen, in seinem Wesen lebendigen Forderung macht allen Dünkel zunichte.

*

Menschen von Rang haben Glanz – nicht den Glanz eines reflektierenden Scheines, sondern den Glanz aus dem Sein. Es berührt uns der Glanz einer vollkommenen Form und auch ein höheres Licht, das durch diese hindurchscheint. Es gibt drei Stufen des Glanzes: Der Widerschein eines anderen Lichtes, das Eigenleuchten des in sich vollkommenen Ganzen und ein Hindurchdringen des höheren Lichtes. – Der Glanz in aller Natur ist der Widerschein eines Lichtes, das sich im Medium verschiedener Substanz zur Leuchtkraft der Farben verwandelt und unsere Sinne beglückt. Und so auch strahlt jeder Mensch die Lichter zurück, die er auffängt. Etwas anderes ist der Glanz jener Aura, die das Vollkommene umgibt. Ihr Leuchten berührt nicht die Sinne, sondern jenes innere Auge in uns, das nach dem Vollendeten sucht. Es ist das Leuchten des in sich beschlossenen Ganzen, in dessen Vollkommenheit sich das Licht des Urbildes spiegelt. Jedes vollkommene Gebilde hat dieses eigene Leuchten: Jeder Kristall, jede Blume, jeder harmonische Raum und jedes vollendete Ding, jedes vollkommene

Kunstwerk und jeder Mensch in dem Maße, als seine Gestalt das Inbild seines Wesens rein ausdrückt. Je höher aber der Rang eines Menschen, je freier sein Wesen hervortritt, desto mehr auch berührt uns ein Glanz, der auch noch das Leuchten des Formvollkommenen übertrifft. Es ist der Glanz eines durchscheinenden Lichtes, ein Strahl aus dem Sein, der nicht die Sinne beglückt und auch nicht schon dem Auge aufgeht, das das Vollkommene sucht, sondern ein mildes Licht der Verheißung, das unsere Seele berührt. Der Glanz des Vollkommenen zeigt uns im Dasein das Vollendete an. Der Glanz des hindurchscheinenden Lichtes zieht uns leise zu höherer Einheit empor. Je höher der Rang eines Menschen, desto größer nicht nur der Glanz seiner gültigen Form, sondern desto stärker auch jenes Leuchten, das aus der Einheit des Seins kommt und uns im Medium der Form zum Höhersteigen beruft – und eben darin berührt sich der Hohe Rang mit der Hohen Stufe des Menschen.

*

4. Stufe

Es lebt das All im Atem des Seins, das die Fülle der Formen hervorbringt und seine lebendige Einheit in einer Bewegung bekundet, die jede der Formen wieder in die Einheit zurückführt. Der Mensch ist sich selber zur Formwerdung im Dasein bestimmt. In seinem Wesen jedoch der Einheit des Lebens verbunden, vermag er sich niemals endgültig in einer Form zu erfüllen. Als Teilausdruck des Seins ist er auch in seinem Wesen nicht «ganz» und leidet darunter weit über sein Begreifen hinaus. Es drängt ihn aus dem Grund seines Wesens heim in die Einheit des Seins. Als das besondere Wesen sucht er die ihm eigene Form, aber nur in der Einheit des Seins, die ihn auch dieser enthebt, vermöchte er sich zu erfüllen.

*

Die Gestaltwerdung des Menschen im Dasein versteift die Besonderheit seines Wesens und widerspricht so seinem ewigen Drang in die Einheit des all-einigen Seins. Je mehr ihn der Kampf mit dem Dasein in die Sonderung wirft, in der er sich selber behauptet, desto stärker verspürt er im Wesen den Zug in die enthebende Einheit. Er fühlt ihn als Sehnsucht der Seele. Sie drängt ihn, sein Selbst-Sein zu lassen und sich reifend dem Sein zu erschließen.

*

In verschiedenem Maße sind die Menschen in ihrem Selbstsein befangen. Je mehr sie es sind, desto verschlossener sind sie der in der Sehnsucht der Seele aufklingenden Einheit des Seins. Das Maß ihres Verhaftetseins im raumzeitlichen Dasein hängt ab von der Seinshaltigkeit ihres Wesens. Es hängt davon ab, in welchem Maße in ihrem Wesen die Einheit des Seins bereits atmet. Es unterscheidet die Menschen, in welchem Maße die alles Besonderte bergende und alles Gestaltgewordene wieder aufhebende Einheit des Seins in ihrem Wesen schon «aufging». Das Maß dieses Aufgegangenseins der Einheit des Seins im Wesen, das Maß, in dem das Wesen schon aufging in die Einheit des Seins, erscheint in der Größe der Seele. Menschen sind in verschiedenem Maße «beseelt», haben ein verschiedenes Maß an Seelenstärke und Kraft, das Leiden zu überwinden und ein verschiedenes Maß an ursprünglich umfassender Menschlichkeit. Je höher die Stufe des Menschen, desto heller und wärmer erstrahlt aus seinem Wesen die alle Widrigkeit, Sonderung und Gewordenheit wieder aufhebende Einheit des Seins.

*

Die Höhe der Stufe eines Menschen spiegelt sich in seinem Verhältnis zum Dasein. Sie erscheint in der Weise, wie er sein Schicksal hinnimmt und sich zu anderen verhält. Je

höher die Stufe des Menschen, desto mehr ist sein Leben bestimmt von der in seinem Wesen schon aufgegangenen Einheit des Seins, die alles Besondere, das sich in seinem Eigen-
anspruch verfing, von sich selber befreit. Der Mensch höherer Stufe bewährt schon im leidvollen Dasein die lebendige
Einheit des Seins, die ihn im Wesen bewegt, in der Kraft
des Sich-selbst-Überwachsens und in der Liebe, die eins
macht, erlöst und verbindet.

*

Als hohe Stufe eines Menschen berührt uns die Stetigkeit
seiner Kraft, sein Ich-Sein zu überwinden. Alles Leben
drängt in die sich besondernde Form, aber trägt sie auch weiter über sich selber hinaus. Das Gesetz des einenden Steigens, das alle Wesen bewegt, durchwaltet als Formel das Leben, das sich in Formen entfaltet. Ohne Widerstand fügt
sich, was bloße Natur ist, dem es beseelenden Ganzen,
blüht aus ihm auf zur Gestalt und gibt sich ihm wieder an-
heim. Im Menschen verfängt sich im Ich das Leben im Willen zu dauern. Aus seiner Teilhabe am unendlichen Einen
fühlt wohl der Mensch die Begrenztheit seiner endlichen
Form und darüber hinaus auch das Unganzsein aus dem
Wesen. Aber als das Ich-Selbst, das er ist, behauptet er sich
in gesondertem Sein, stellt sich als ein Gewordener im Dasein gegen Wandel und Werden und schließt sich als ein
Besonderer gegen den anderen ab. Gewiß kann der Mensch
sein Menschsein nur in der Besonderung leben, aber der
Mensch erfüllt sich als Mensch nur, wenn er jeder Verkrustung im Einswerden und Steigen entwächst. Im Menschen
erfüllt sich das Reifen als wachsende Freiheit vom Ich. Die
Bereitschaft dazu und die Kraft, sich von der Herrschaft des
Ichs zu befreien, offenbart die Höhe der Stufe.
Es ist dem Menschen zu Anfang die Höhe seiner Stufe ver-
borgen. So wie der Charakter eines Menschen das Inbild

nur eingeschränkt zeigt – weil er, auch von der Welt her bestimmt, es zugleich auch immer verhüllt –, so verbirgt das Gehäuse, darin sich der Mensch als Ichselbst in seinem Dasein behauptet, zunächst auch die Höhe der Stufe, auf der sich sein Wesen befindet. Es ist das Schicksal des Menschen, ein Ichgehäuse zu werden; denn er muß im Dasein bestehen. In welchem Maße jedoch sich der Mensch in dieser Umgrenzung vermauert und diese auf die Dauer über sein Wesen Gewalt hat, hängt ab von der Kraft seiner Seele, d. h. davon, in welchem Maße sie aus der Einheit des Seins schon jede Verkrustung sprengt. Je niedriger die Stufe des Menschseins, um so geringer die Macht seiner Seele, die Fesseln des Ichs zu zerreißen. Je höher die Stufe des Menschen, desto leichter kommt die Befreiung. Dann kann schon ein kleines Ereignis, das den Menschen im Wesen berührt, ganz plötzlich die Kruste zerschlagen, die im Kampf mit dem Dasein entstand. Das innerste Wesen geht auf, bricht durch, und mit einem einzigen Schlage erwacht er zur Höhe des Weges, die seinem Stande entspricht. Aus den Trümmern des zerschlagenen Gebäudes steht er als ein Gewandelter auf – und nun erst beginnt er das Leben, das seiner Stufe gemäß ist.   *

Was immer der Mensch auch geworden, als ein Lebendiger bleibt er im Wandel und Werden. Nur im Werden vermag er zu wachsen und Stufe um Stufe zu reifen. Reifen bedeutet Verwandlung, die das Gewordene aufhebt und im Vergehen zu weiterem Leben entbindet. So wächst auch der Mensch in steter Wandlung zur Höhe, die ihn, reif geworden, befähigt, sich aufzugeben im anderen und Frucht zu bringen als Leib, Geist und Seele. Die Frucht des seelischen Reifens bewahrheitet die Einheit des Seins, die über das Dasein hinausreicht. Stufe um Stufe kündet seelisches Reifen den Weg, der uns der Not des Daseins enthebt. Nur insofern sich der Mensch dem Zug seines Wesens erschließt, der ihn aus der Verschanztheit im Selbst-Sein in die Einheit des Lebens beruft, gewinnt er die Frucht seiner Seele. Unterliegt er dem Bann, der ihn in seine Schale einschließt, dann bleibt ihm die Befreiung versagt, nach der sein Wesen sich sehnt. Etwas anderes jedoch als die Reife, die der Mensch im Leben erringt und die ihn auch Schritt um Schritt zum Höhersteigen bereit macht, ist die Höhenstufe des Wesens, die das Maß der Bereitschaft bestimmt. Es gewinnt jeder Mensch im Laufe des Lebens an Reife – das Leiden zwingt ihn dazu. Und doch sind die Menschen verschieden in ihrer Begabung zu reifen. Die verwandelnde Kraft ihrer Seele, die die Höhe der Stufe bekundet, bestimmt das Maß ihrer Kraft, das Leben aufwärtszuwandeln.

*

Je höher die Stufe des Menschen und also die Größe der Wirkkraft der Einheit, die ihn aus dem Wesen bewegt, um so durchlässiger bleibt jede Form, die er im Dasein gewinnt. Er ist erschlossener dem Sein, das ihn zum Steigen beruft. Williger fügt er sich dann dem steten Zug seines Wesens, der ihn zu neuer Einheit entbindet. Unverstrebt und mit großer Geduld steigt er stetig empor, Stufe um Stufe, aus höherer Kraft das Gewesene verwindend. Er lebt im Zuge des Steigens gehorsam der gesetzlichen Ordnung, die erst jede Form in ihr Werdebemühen hinaufruft und sie dann, wenn die Stunde gekommen, zu höherer Einheit befreit. Der Wille, sein Selbst zu behaupten, und das Mühen um gültige Form sind übergriffen vom Antrieb, niemals stillzustehen und immer im «Zunehmen» zu bleiben.

*

Der Mensch ist unabdingbar an das Gesetz des Daseins gebunden und so auch dem Leiden geweiht, das ihm aus diesem erwächst. Auch nicht die höhere Stufe des Wesens bewahrt sein Selbst vor dem Leiden, das ihn aus der Gefährlichkeit, Unvollkommenheit und Unganzheit aller Raumzeitlichkeit trifft. Doch weil auf höherer Stufe die Einheit des Seins das Selbstsein des Menschen schon wesenhaft überhöht hat, leidet er, als litte er nicht. Eins mit der Formel des Wesens, die ihn zum Steigen beruft, leidet er nicht mehr am Leiden, und wo ihm Leid widerfährt, ist es ihm Stachel des Werdens.

*

Der Mensch von höherer Stufe ist im Grunde nicht zu verletzen. Es ist, als sei er im Grunde so unzerstörbar und heil und wurzle und wüchse so in diesem tief inneren Heilsein, daß nichts ihn zu verwunden vermag. Was ist dieses Heilsein im Grunde? Im Innersten heil ist der Mensch, dem alles zum inneren Heil wird.

*

Nur wo Widerstand ist, kann etwas zerbrechen. Zerbrechen kann nur der Mensch, der sich so im Selbstsein verkrallt hat, daß ihn der Zug seines Wesens nicht zu entheben vermag. Als Lebensgefüge zerstörbar ist nur, wer den Wandel nicht zuläßt, den sein Wesen verlangt. In solcher Verfassung befangen, vernimmt der Mensch nicht den «Ruf». Er kann ihm, auch wo er ihn hört, nicht gläubig und unverstellt folgen. Er widersetzt sich dem Sein, das das Gewordene aufhebt, und sein Leben wird heillos. Je höher die Stufe des Menschen, um so gewisser verwandelt sich jede Verletzung in einen Schritt in die Höhe und zu einer Zunahme an wahrhaftem Sein. Jeder Verlust wird zum Ansporn, sich im Steigen zu halten, und in den Stürmen des Lebens wird dem Menschen der Widerspruch seines eigentlichen Seins zu seinem bloßen Ich-Selbstsein vernehmbar. Er folgt dem Spruch aus der Tiefe, und die Krise wird heilvolle Wandlung. Wo immer das Schicksal die Form, die ihm wurde, unvermutet zerstört, widersetzt er sich nicht ihrem Sterben, sondern wächst, sich im Steigen verwandelnd, zu neuer Stufe empor. So bewährt sich die Stufe des Wesens in der Kraft, Vergängliches zu überwachsen und im Wandel der Formen zu reifen. Die Höhe der Stufe erscheint in der Bereitschaft zur Wandlung.

*

Wer frei wird von seinem Gehäuse, dem öffnet sich das Wunder des Seins. In seiner Leere und Nacktheit erlebt er das Geheimnis der Fülle. Wo andere das Leben verschlingt, fühlt er sich von ihm getragen. Äußerlich schutzlos und arm, fällt ihm das Nötige zu. Ohne Daseinsbesitz steht er im Reichtum des Seins. Er ist der Quelle erschlossen, die nur dem Selbstlosen fließt.

*

Die höhere Einheit des Seins erscheint in der Mannigfaltigkeit der in Sonderung lebenden Formen als deren Sehnsucht nach Ganzsein und bewahrheitet sich in der Kraft, die sie verbindet und einsmacht. Eins mit sich selbst wird der Mensch, dessen Seele im Zunehmen bleibt. Im Wesen der Einheit teilhaftig, wird er, seinem Gesetze gehorsam, zum Medium ihrer Bewährung und bekundet sie in der Kraft der verstehenden und sich entäußernden Liebe. Die Einheit des Seins aus dem Wesen bewährend, begibt er sich seines Selbstes und befreit im Einswerden mit anderen auch diese von der Not ihres Selbstseins. Die Höhe der Stufe des Menschen berührt uns in der Macht seiner Liebe.

*

Immer lebt in der Liebe das Bewußtsein eines höheren Ganzen. In sich allein niemals ganz, erblickt der Mensch in der Liebe, was ihn zum Ganz-Sein befreit. Es löst alle Liebe den Menschen aus dem Bann seines bloßen Ich-selbst-seins, darin er sich gegen den Wandel und gegen den anderen verschließt. Doch erst die Liebe, die ihn nicht nur als ein Glied irdischer Ganzheit bewegt, sondern die Einheit bekundet, die ihn aus dem Wesen erfüllt, hat erlösende Kraft und äußert die Höhe der Stufe. Die Höhe der Stufe erscheint in der Durchlässigkeit für die Kraft, die das Sein als Einheit bekundet und sich in der Liebe bewährt, die über das Dasein hinausweist.

*

Der Mensch, dessen Höhe noch nicht die Höhe des anderen erreichte, kann diesen nicht recht verstehen. Er begreift die Geringschätzung nicht für Besitz, Geltung und Macht, begreift nicht die Güte, die an keiner Enttäuschung verdirbt, begreift die Gelassenheit nicht, die ihn durch alles hindurchträgt. Er hält ihn für unwirklich, unkämpferisch, unempfindlich und dumm. So schon versteht der im Leben unreif Gebliebene den gereifteren Menschen nicht mehr. Viel weniger noch kann der Mensch einer niederen Stufe die größere Seele verstehen, die eine höhere Stufe bekundet. Auch die im Leiden allmählich gewonnene Reife zeigt sich in der Bereitschaft, sich dem Schicksal zu fügen, und in freundlich verstehender Güte. Reifen ist immer ein fortschreitendes Eingehen in eine umfassendere Weite. Doch zur höheren Stufe des Menschseins gehört ein Maß an Verstehen und überquellender Liebe, das dem nur im Leben Gereiften nicht mehr voll zugänglich ist. Er weiß wohl um das Gesetz und bewundert das Übermaß an Erfüllung, aber es fehlt ihm selbst die Nötigung aus dem Wesen. Er muß sich noch überwinden, wo der andere nicht anders kann.

*

Der Mensch höherer Stufe erkennt die Stufe des anderen und begreift all sein Leid nicht nur aus Ursachen und aus Gründen, sondern er versteht es in jeder Form als eine Not

auf dem Wege. Selbst einsgeworden mit der großen Bewegung, die sein Wesen stetig emporzieht, sieht er in jedem
Zustand des anderen eine Station auf dem Wege. Alles hat
seinen Sinn im Zuge der großen Einheit, und jede gewordene Form ist ihm immer nur Durchgang.

*

Der Mensch höherer Stufe nimmt keinem Zustand der Seele
das Recht seines flüchtigen Daseins. So fühlen sich alle
Stufen menschlich notleidenden Lebens bei ihm auch gütig verstanden. Menschen höherer Stufe lösen die Sprache
des Herzens. In der auflockernden Nähe ihrer verstehenden
Wärme vergeht der Rechtfertigungswille, der Gewordenes
wahrt und mit Gründen verteidigt. Es lösen sich die Kno-
ten des Lebens, Festgezogenes geht auf, Erstarrtes gerät in
Bewegung. Die Eigenmacht des Gehäuses, das den Atem
verschlug, wird als Irrtum begriffen. Was der Eigenwille
verdrängte, bricht wieder mächtig hervor. Kaum weicht
der Damm, hebt sich die Welle des Lebens und trägt den
von sich selber Befreiten zu höherer Einheit empor.

*

Gütig ist der Mensch höherer Stufe, weil er alles im Zuge
notwendigen Werdens versteht. Er ist verzeihend und hat
die Ungeduld überwunden; denn er weiß um die Weisheit
des Grundes: daß alles seine eigene Zeit hat. Er wertet nicht
nach dem Maß höherer Vollendung der Form, sondern
kennt nur die einzige Sünde: In der Sonderung zu verhar-
ren und auf dem Wege stehen zu bleiben. Wo immer daher
sein Verstehen eine Verstrickung gelöst hat, dort duldet seine Liebe, die auf heilsames Wachsen hinzielt, keinen Auf-
enthalt mehr. Er wird zum Weiser des Weges, doch hilft er
dem anderen nur immer den Stein beiseite zu räumen, der
die nächsten Schritte verlegt. Er betrügt den anderen nicht

um die läuternden Früchte des Leidens, sondern zeigt ihm den Weg, es schöpferisch zu verwandeln. Und immer hat er vor Augen: Was aus dem Wesen wächst, hat seine eigene Zeit.

*

Je höher die Stufe des Menschen, desto mehr vollzieht sich sein Wirken als Wirken «ohne zu tun». Die durch ihn hindurch wirkende Einheit bekundet sich einfach als Einigungskraft seines Wesens. Wo er geht oder steht, öffnet er die Tore der Herzen und belebt und erweckt auch die Kräfte, die die Große Einheit bekunden.

*

5. Rang und Stufe

Rang und Stufe stehen zueinander in einem bestimmten Verhältnis, hängen miteinander zusammen und sind doch auch unabhängig voneinander. Es gibt Menschen von hohem Rang, aber die Stufe, die sie verkörpern, scheint diesem nicht ganz zu entsprechen – so als wären vergangene Leben der Auszeugung ihrer Form günstig gewesen, aber an sinnaufschließendem Leiden und Überwindung zu arm, um sie auch entsprechend reifen zu lassen. Und es gibt Menschen von hoher Stufe, aber von geringerem Rang – so, als hätten sie schon viele Leben gelebt und unendlich viel überwunden, aber doch nicht die Schmiede gefunden, die ihnen Prägung verlieh. Und doch schließt eine bestimmte Höhe des Ranges zu niedere Stufe aus, hohe Stufe allzu niederen Rang. Je höher der Rang und die Stufe, desto mehr greifen sie, sich durchdringend, ineinander zur Strahlungskraft eines Wesens. Medien und Organe des Seins, verwandeln sie, «ohne zu tun», nur aus der sanften Gewalt ihres unbewußt wirkenden Wesens die zugehörige Umwelt.

*

Im hohen Rang eines Menschen berührt uns die Vollendung der Form. Als hohe Stufe berührt uns die Geläutert-
heit aus dem Wesen. Im Rang eines Menschen liegt seine
Berufung zum Wirken. In seiner ursprünglichen Stufe kündet seine Reife sich an. Vom Rang geht formende Kraft aus,
von der hohen Stufe die Heilung. Hoher Rang belebt der
anderen Gewissen, zu verwirklichen als vollkommene Gestalt, was sie der Idee nach verkörpern. Lebendige Stufe bewegt das Gewordene zu der ihm bestimmten Verwandlung.
Im Rang lebt die Kraft der Idee, sich als Gestalt auszuzeu-
gen. In der Stufe lebt die Weisheit und Liebe, die das Besondere heimholt in die religio des Seins.
Menschen von hohem Rang spiegeln erkennend, bildend
und schaffend das Sein in seiner urbildlichen Fülle. Menschen von hoher Stufe spiegeln, sich selbst überwindend,
verstehend und liebend die Rückbindung aller Fülle in der
alles bergenden Einheit des Seins. Beides ist eins und verbunden im Menschen, der wahrhaft groß ist. Schöpferisch
ist die Liebe der Großen, formgebend und erlösend zugleich.

*

Die lebendige Einheit des Seins atmet im ewigen Rhythmus
von Schöpfung und von Erlösung. Aus der Fülle des Ur-
grunds steigen die nach Vollendung ringenden Formen
und streben zugleich in die große Heimat zurück. Die Einheit des Lebens besondert und artikuliert sich zur Mannigfaltigkeit eigenständiger Formen und hebt im stetigen Werden wieder alle Besonderung auf. Im Menschen erscheint
die Polarität der Lebensbewegung in der Gegensätzlichkeit
von Drang nach vollkommener Gestalt und der Sehnsucht
nach enthebendem Einssein, von Entfaltung zur Form und
Wieder-Einfaltung in höhere Einheit, von gewordener Verfassung und aufsteigend verwandeltem Werden, von erken-
nend gewonnener Weltsicht und innerlich erfahrenem

Schicksal, von gültig vollzogenem Werk und stetig gegan-
genem Weg, von gestaltungsmächtigem Geist und reifend
sich erfüllender Seele – von Rang und Stufe des Menschen.

*

In aller bloßen Natur vollzieht sich das Leben als Kreislauf
ewigen Werdens und Sterbens, der die lebendigen Formen
zu ihrer fruchtbringenden Reife emportreibt und sie dann
wieder verschmilzt mit der Einheit, die sie entließ. Im
Selbstbewußtsein des Menschen, das im endlichen Dasein
den Drang des Wesens zur Form im Willen zur Dauer verhärtet, verwandelt sich der Atem des Lebens in den Gegensatz von Wandel und Bleiben. Das Wachsen und Sterben
nur naturhafter Formen, die ohne Gestaltwillen werden und
widerstandslos wieder ein-gehen, wird im Menschen zur
Kraft, Formen zu schaffen, die gelten, zum andern dann
auch zur Kraft, aus Freiheit den Tod zu bejahen, der als
Mittler zu höherer Einheit das höhere Leben entbindet. Im
Schauen der gültigen Formen offenbart sich im Menschen
das Sein als Urbildlichkeit und als Ordnung, offenbart
sich in Reinheit, je nach der Höhe des Ranges. Im leidüber-
windenden Reifen und in der Liebeskraft seiner Seele offenbart sich im Menschen die wirkende Einheit des Seins, je
nach der Höhe seiner inneren Stufe, als eine erlösende Kraft.
Es sucht und schafft nur der Mensch die Form als eine gültige Ganzheit. Doch nur der Mensch auch begreift schon
im Sterben den Tod als erlösenden Ausweg, der ihn vom
Kreislauf befreit.

*

Rang und Stufe fallen am Ende zusammen – die Einheit der
Pole bekundend. Sie verbinden sich in der Vollendung,
und, heimgegangen zum Ausgang, aber auf anderer Höhe,
steht der reifende Mensch immer von neuem am Anfang.

*

Im Selbstbewußtsein des Menschen zerbricht der Atem des Seins zum Gegensatz von Leben und Tod. Doch im Voll-endeten bekundet sich endlich wieder als Freiheit, was sich im Ausgang naturhaft erfüllte. Er ringt nicht mehr mit dem Tode und sucht auch nicht mehr die Form. Sein Leben führt über das Sterben. Sein Sterben überwindet den Tod. Sein Form-Sein ist Formel der Wandlung. Seine Formel der Wandel der Form. So offenbart sich in ihm im Ein-klang von Stufe und Rang die große Einheit des Lebens als die des schaffend-erlösenden Seins.